습관은 반드시 실천할 때 만들어집니다.

좋은습관연구소에서 제안하는 30번째 좋은 습관은 바로 "IT 트렌드 읽는 습관"입니다. 전통 산업에 있는 분들도 IT를 알아야 일을 할 수 있는 세상입니다. 그런데 IT 뉴스와 이슈들은 너무 빨리 바뀝니다. 하나를 익힐 때쯤 새로운 게 등장하고, 다시금 새로운 학습을 요구합니다. 이 책은 바로 IT에 친숙하지 않은 분들이 어떻게 하면 IT 트렌드를 잘 읽을 수 있는지, 매번 새롭게 등장하는 개념들을 어떤 식으로 이해해야 맥락 파악을 빨리할 수 있는지 알려주는 책입니다. 물고기 대신 물고기 낚는 법이라고, 블록체인에서 메타버스로 그리고 다시 인공지능으로 IT 트렌드가 어떤 식으로 바뀌든 간에 이를 잘 이해하고 이용하는 노하우를 알려주는 책입니다.

IT
트렌드
읽는
습관

김지현 지음

기술의 흐름을 읽고
이용하는 법

NEXT

AGI

ChatGPT

WEB 3

METAVERSE

BLOCKCHAIN

좋은습관연구소

챗GPT 같은 핫 트렌드를 이해하는 법

2023년 1월 혜성처럼 등장한 IT 트렌드는 챗GPT이다. 2022년 11월 30일 등장, 약 2개월 만에 무려 1억 명의 사용자를 돌파하면서 돌풍의 주역이 되었다. 이렇게 갑작스럽게 주목받는 기술을 보고 있으면, 한 때 사람들의 이목을 집중적으로 끌던 또 다른 기술이 떠오른다. 2020년 이후만 살펴봐도 2022년 하반기의 웹3, 2022년 상반기의 메타버스 그리고 2021년의 NFT와 2020년의 온택트 등이 떠오른다. 물론 그 이전까지 올라가면 블록체인과 암호화폐도 대표적으로 주목받았던 기술이다. 그런데 유독 챗GPT가 더 떠들썩한 이유는 무엇일까? 무엇보다 일반 사용자도 쉽게 경험이 가능하다는 점에서 폭발력이 있었던 것으로 보인다. 이처럼 기술은 기술이 갖고 있는 혁신성보다 사람들에게 얼마나 친숙하고 쓸모 있느냐로 기술의 미래가 판가름 난다. 이점은 우리가 앞으로 IT 트렌드를 읽고 기술을 봐야 하는 중요한 포인트 중 하나다.

키워드 정의와 분류

기술이 갑자기 급부상해서 이를 둘러싼 해석들이 분분할 때 잊지 않고 해야 하는 일 중 하나가 기술을 둘러싼 키워드의 정의와 구분이다.

챗GPT가 뜨면서부터 GPT-3, GPT-3.5, GPT-4, Parameter, LLM, Conversational UI, AGI, AI, Generative AI, 오픈AI, Bing, Lamda, DALL-E, Stable Diffussion, Stability AI, Bard 등 오만가지 키워드들이 등장했다. 모두 처음 듣는 키워드다. 챗GPT를 이해하려면 무엇보다 이런 키워드의 정의부터 명확히 해야 한다. 그런 다음, 위계에 맞게 분류도 해야 한다.

하나씩 해보자. 우선 챗GPT는 오픈AI라는 회사에서 GPT-3.5라는 AI 모델로 만든 서비스다. 이 서비스는 웹 브라우저로 회원 가입만 하면 누구나 무료로 이용할 수 있다. 챗GPT는 검색창에 검색어를 넣듯 대화창에 궁금한 것을 질문하면(Prompt라고 칭함)

GPT-3.5라는 AI 엔진이 그동안 학습했던 데이터를 기반으로 답을 해준다. 답을 보고 추가로 질문하면 바로 이어서 답을 또 해준다. 마치 똑똑한 사람과 대화하는 것처럼 질문하고 답을 하는 과정 속에서 사용자는 자신이 필요로 하는 정보를 찾아간다. 이는 기존에 우리가 이용하던 검색보다 훨씬 편리하다. 그리고 답변 정확도도 훨씬 높다. 꼭 정형화된 질문을 하지 않더라도 알아듣고 답을 들려준다는 점에서 전 세계적으로 큰 이슈가 되었다. 향후 구글 검색을 대체할 거라는 전망이 나오기도 하고, 챗GPT 때문에 여러 직업이 사라질 것이라는 의견도 나온다.

2023년 3월 15일에 발표된 GPT-4는 기존 버전보다 더 대화 품질이 좋아졌고 복잡한 질문도 더 잘 이해한다. 특히, 이미지나 영상 등을 인식해 내용을 설명해주고 대화를 나눌 수도 있다. 심지어 카툰에 숨겨진 작가의 의도나 유머 포인트 등을 기가 막히게 인식해서 해설해주기도 한다. 수학 문제지를 촬영해서 올리면 문제를 풀어 주기도 하고 카메라에 촬영된 영상 속의 사물이나 도로 등을 인식하기도 한다. 그리고 GPT API(Application Programming Interface, 소프트웨어간 서로 통신을 하기 위한 규약)를 다른 프로그램 등에서 활용하면 기존 프로그램이나 서비스 등을 더 편리하게 이용할 수도 있다.

이렇게 GPT-n라 불리는 AI 엔진을 가리켜 LLM(Larger Language Model)이라고 부른다. 유사한 것으로 구글이 만든 람다(Lamda), Stabillity AI의 Stable Diffussion, 메타의 LLaMa(Large Language Model Meta AI), SAM(Segment Anything Model)등이 있다. 또 챗GPT처럼 LLM으로 만든 서비스는 구글의 바드(Bard), 오픈AI의 달리(DALL-E, 여기에 사용된 엔진은 GPT-3) 등이 있다. 그리고 이렇게 LLM으로 만든 서비스들을 가리켜 생성형 AI(Generative AI, 스스로 데이터를 학습하고 새로운 결과를 만들 수 있다는 의미를 강조해 generative라고 쓴다. 현재 이미지, 글, 영상 등을 생성해줄 수 있는 다양한 종류의 생성형 AI 서비스들이 개발되고 있다)라고 부르고, 이런 시장 트렌드를 가리켜 AGI(Artificial General Intelligence, 특정 상황에서만 쓰는 인공 지능이 아니라 범용적으로 제너럴하게 사용 가능한 인공지능. 그만큼 더 똑똑하다고 볼 수 있다)라고 부른다. 앞으로 LLM으로 구현한 생성형 AI는 수백 개 이상으로 다양해질 것이며 현재 수많은 스타트업들이 참여하고 있다.

키워드 사이의 위계 정리

기존에 컴퓨터나 스마트폰을 조작하는 방식은 키보드나 마우스 그리고 손가락을 이용해 물리적으로 기계와 접촉해 정보를 주고받았다. 정해진 위치에 마우스 포인터를 가져다 대고 클릭해야 하고, 화면의 특정 영역을 손가락으로 터치해야 동작이 이뤄졌다. 하지만 AGI시대에서는 컴퓨터가 인간의 언어를 이해하고 우리의 의도를 파악해 명령을 내리지 않아도 필요로 하는 서비스를 자동으로 제공한다. 챗GPT의 경우에도 대화하듯 정보 탐색이 진행되기 때문에 무엇보다 편리하다는 장점을 갖고 있다. 즉, 우리가 컴퓨터를 이해하려고 애쓰지 않아도 컴퓨터가 알아서 우리를 이해하는 방식으로 인터페이스가 바뀌었다고 할 수 있다(Conversational UI로 바뀌었다). 이는 AI가 다시 주목받는 이유가 되기도 했다.

AGI의 구현에 이용된 LLM은 아주 많은 양의 텍스트와 큰 모델로 구현된다. 즉, 기존의 인공지능 알고리즘과 달리 학습에 구동되는 데이터의 양이 어마어마하고, 데이터를 처리를 위한 파라미터의 수도 엄청나게 많다. GPT-3의 경우 파라미터의 수가 무려 1,750억개나 되는데, 파라미터란 우리 뇌에 정보가 전달되는 통로 역할을 하는 시냅스와 같은 것으로 인간은 100조 개를 갖고 있다고 한다. 인간에 비하면 아직은 LLM의 파라미터가 많은 것은 아니지만 계속해서 그 수를 늘리며 지능을 높이고 있다. 이는 상당한 컴퓨팅 자원을 필요로 하고, 당연히 비용 증대와도 연결이 된다(일반적인 검색 엔진보다 챗GPT에서 답을 추출하는 데 드는 비용이 100배나 더 많다). 그래서 연구자들은 파라미터를 늘리지 않고서도 성능을 개선하고 품질을 올리는 방법을 계속해서 찾고 있다. 특히 메타가 공개한 LLaMA는 더 적은 파라미터로 컴퓨팅 자원을 작게 이용하고도 작동될 수 있어 전 세계의 오픈소스 커뮤니티와 개발자들의 환영을 받고 있다.

결국, 지금의 챗GPT 트렌드는 기존 AI보다 인간의 언어를 더 잘 이해하는 LLM 인공지능 알고리즘으로 서비스가 제공되면서 이전보다 더 편리하고 정확해서 주목받은 것이라 할 수 있다. 그리고 이러한 시장 트렌드를 앞서 얘기한 대로 AGI라고 하기도 하며 초거대 AI라고도 한다(초거대 AI는 AGI와 ASI 모두를 표방, AGI는 범용가능한 general을 강조, ASI는 super라는 단어를 사용해서 우수성을 강조했다). 초거대 라는 말을 쓰는 이유는 엄청나게 많은 데이터를 학습하고 모든 분야에 다 적용 가능하다는 뜻을 담고 있기 때문이다. 생성형 AI는 초거대 AI 시대에 AI로 구현할 수 있는 서비스군을 가리키는 하위 개념 정도로 이해하면 된다.

이처럼 자주 등장하는 키워드가 있으면 단순히 뜻을 알고 정의하는 것으로 멈출 것이 아니라 키워드 사이의 관계를 정리하고, 이들의 위계(등급, 레벨)를 이해하는 것이 매우 중요하다.

멀찍이 떨어져 보기

트렌드의 실체를 어느 정도 파악했다면, 이제 조금 멀찌감치 떨어져서 숲을 조망할 단계다. LLM의 구동에 얼마의 비용이 들며 어떤 어려움이 있는지, LLM으로 구현된 생성형 AI의 한계나 단점은 무엇인지, 만일 한계가 극복된다면 우리의 컴퓨터와 인터넷 사용에 어떤 변화가 만들어질지 상상해본다. 이때 시장의 경쟁 구도와 생태계는 어떻게 구성되고, 각 산업에서는 어떤 대처가 필요한지 진단되어야 한다. 실제로 하나씩 짚어보자.

LLM의 구동 성능이 좋아지려면 앞서 얘기한 대로 데이터 수

집과 분석에 들어가는 비용이 기하급수적으로 늘 수 있다. 그리고 문장형으로 답을 생성하기 때문에 쉽게 읽힌다는 장점이 있지만, 이를 잘못 이용하면 논리적 비약이나 거짓 정보가 마치 진실처럼 보이는 단점도 갖고 있다. 이는 서비스 구현 과정에서 미세조정(Fine tuning)으로 정확도나 사실성을 높일 수 있겠지만 어쨌거나 100% 완벽할 수는 없다. 그리고 기존의 검색 서비스는 실시간으로 전 세계의 공개된 웹 페이지를 크롤링(정보를 수집)해서 인덱싱(분류) 함으로써 최신 정보를 금세 찾을 수 있지만, LLM으로 구현된 서비스는 학습이라는 시간을 필요로 하기 때문에 올바른 정보가 추출되려면 일정 시차를 감수해야 한다(현재 챗GPT는 2021년까지의 데이터를 기본으로 학습했기 때문에 최신 정보는 반영되어 답이 도출되지 않는다). 그리고 학습을 위해 웹 상의 데이터를 저작권자 승인 없이 무단으로 수집하기 때문에 저작권 이슈에도 자유로울 수가 없다. 그리고 LLM이 24시간 쏟아내는 정보들이 인터넷에 끊임없이 유입되면 AI가 만든 데이터로 인해 인터넷 정보가 오염될 우려도 있다. (LLM으로 만들어진 오류가 있는 정보를 누군가가 긁어서 웹상에 게시한다면, 마치 올바른 정보가 게시된 것 같은 착각을 만들 수도 있다.)

LLM이 끼칠 산업적 영향도 살펴보자. LLM 서비스가 제대로 구동되려면 컴퓨팅 자원이 필요하다. 즉, GPU(인공지능 서비스 개발에 유리한 병렬처리 연산이 가능한 반도체)를 만드는 엔비디아나 더 큰 용량의 메모리 반도체를 공급하는 삼성전자 같은 회사로부터 부품을 수급 받아야 한다. 하지만 구글의 경우 자체 반도체(TPU)를 이미 개발 보유하고 있어 마음만 먹는다면 훨씬 유리한 입장에서 챗GPT와 경쟁을 펼칠 수 있다. 이는 반도체 강국인 우리나라 기업의 경쟁력을 낮추는 일이 되기도 한다. 물론 메모리 반도체 수요도 일정 부분 증가하는 이점이 있긴 하지만 말이다. 그리고 챗GPT는 현재 개인들에게는 일부 유료 옵션을 갖고서 서비스 제공을 시범적으로 하고 있지만, 챗GPT API를 B2B 형태로 유료화해서 판매한다면 꽤 괜찮은 돈벌이가 될 것이다(오픈AI에 투자한 MS는 자신의 클라우드 서비스인 애저(Azure) 위에서만 챗GPT가 가동되도록 해 MS 입장에서는 클라우드 사업에서 막강한 경쟁력을 확보하게 되었다).

챗GPT와 같은 생성 AI가 여러 인터넷 서비스에 반영되면 기존 서비스의 품질을 혁신적으로 개선하는 데 도움을 줄 수도 있다. 이미 MS는 아웃룩, 팀즈, 오피스 등에 챗GPT를 적용하고 있다. 아웃룩에 적용된 챗GPT는 메일 내용을 요약해주고, 자동으로 목적에 맞춰 원하는 톤으로 답장 메일을 영문으로 써준다. 팀즈로 화상 회의를 할 때는 5분 동안 자리를 비워도 그 사이 발언한 사람의 발언 내용을 요약해주고, 회의록 정리는 물론이고 앞으로 해야 할 투두리스트도 대신 만들어 준다. 이처럼 LLM은 우리가 기존에 사용하던 서비스에 적용되어 더 나은 편의성을 제공해준다. 각종 오피스 프로그램과 협업 도구들 그리고 포토샵 같은 디자인 프로그램이나 토스나 쿠팡 등 일상 속 매일 접하는 앱 서비스 등에도 챗GPT가 하나씩 적용될 것이다.

마음껏 상상하고 실제로 해보기

이제 조금 더 상상력을 발휘해보자. LLM과 Conversational UI가 메타버스에 적용된다면 어떻게 될까? 그동안 알고 있던 메타버스 사용 방식은 VR(Virtual Reality, 가상현실), AR(Augmented Reality, 증강현실), XR(Extended Reality, 확장현실) 안경을 끼고 컴퓨터를 조작하고 인터넷을 사용하는 것이었다. 하지만 허공에 두 팔과 손을 흔들며 사용하는 것은 여간 불편하지 않을 수 없었다. 그런데 이때

LLM으로 구현된 챗GPT 서비스를 메타버스 내에서 호출해 필요한 것을 요구하고 안내를 받는다면 어떻게 될까? 메타버스의 사용은 훨씬 편리해질 것이다. 그리고 메타버스 공간을 채우는 각종 디지털 오브젝트와 배경도 생성형 AI의 도움을 받게 되면 훨씬 더 다채롭게 구성될 것이다.

LLM을 한 기업이 독식하는 것이 아니라 기업마다 독자적인 데이터를 가지고서 소규모로 LLM을 가질 수 있다면, 아니 여기서 더 나아가 각자 서로 다른 개인화된 LLM을 가지게 된다면, 세상은 어떻게 될까? 마치 동네에 딱 하나밖에 없던 컬러TV와 유선 전화기가 스마트폰으로 바뀌어 개인마다 하나씩 소유하게 되는 것처럼, 각자 하나씩 AGI를 소유하게 되는 것과 같다. 어쩌면 머지않은 미래에 현실처럼 다가올 일인지도 모른다. 이처럼 챗GPT가 만든 지금의 트렌드(벌써 트렌드라고 해도 될지는 모르겠지만)를 상하좌우, 시간의 축을 갖고서 여러 전망을 해본다면 다양한 시사점을 얻을 수 있다.

넓게 조망해보았으니, 이제 다시 좁혀서 살펴보자. 지금 당장 나는 무엇을 해야 하는지 고민해보자. 일단은 이들 LLM 즉, 챗

GPT나 달리(DALL-E, 이미지 생성 인공지능), 미드저니(Midjourney, 이미지 생성 인공지능), 뤼튼(wrtn, 국내에서 개발된 글쓰기 인공지능), 재스퍼(Jasper, 미국의 글쓰기 인공지능), 런웨이(Runway, 영상 생성 인공지능) 등의 서비스를 직접 사용해봐야 한다. 생성형 AI를 바로 사용해보면서 내 일상과 업무에 그리고 우리 회사 서비스나 상품, 마케팅 등에 어떻게 적용할지 직접 느껴보아야 한다. 여기서부터는 상상의 영역이 아니라 경험의 영역이다. 이를 누가 대신해 줄 수는 없다. 직접 해봐야 한다. 우리는 그렇게 상상과 현실을 넘나들때 남들보다 앞선 혜안을 얻게 된다.

지금까지 챗GPT로 촉발된 LLM를 기반의 각종 생성형 AI 서비스를 살펴보면서 IT 트렌드 읽기를 예시적으로 해보았다. 짧은 글이지만 여기서 제시된 여러 가지 관점은 이후 이 책에서 본격적으로 다룰 IT 트렌드를 읽는 방법 중 몇 가지에 해당된다. IT 분야의 트렌드는 다른 어떤 트렌드 보다 빠르다. 그래서 트렌드를 읽는 나만의 기술, 방법론을 탄탄히 다져 놓는다면 새로운 기술이나 볼만한 무언가가 나타났다고 해서 낭황하거나 움츠러들 필요는 없다. 항상 하던 대로 정보를 수집하고, 분석하고, 정의

하고, 위계를 구분하며, 멀찍이 내다보면서 실제로 써보는 것으로 IT 트렌드를 읽어가기만 하면 된다.

이제 본격적으로 그 방법을 알아보자.

서문

 1985년 8비트 개인용 컴퓨터인 MSX와 태광 오디오를 시작으로 워크맨, VCR, MD. 그리고 1990년대부터는 AT, XT, 386 컴퓨터와 ISDN, CO-LAN, 시티폰과 PDA. 배불뚝이 CRT 모니터에서 소니 트리니트론과 LG 플래트론 등의 평면 모니터. 그리고 수많은 버전의 PC용 메인 보드와 그래픽 카드. 2000년대로 넘어와서는 펜티엄4, LCD 모니터와 노트북, MP3P와 PDA, PMP, 무선 인터넷 공유기. 2010년에는 스마트폰과 태블릿, 스마트스피커, 전기차, 4G LTE, 5G 등. 지금까지 쉴 틈 없이 쏟아지는 새로운 기술과 제품 속에서 나는 늘 얼리어납터로 살아왔다.

 그리고 남들보다 먼저 사용해보는 것을 넘어 IT 기술의 변화와 트렌드를 해설하고 이를 책과 강연으로 대중들에게 전파하는 일도 함께했다. IT 기업에 근무하면서부터는 IT 기술을 활용해 새로운 서비스와 제품을 만드는 혁신가로도 활동했다. 누구보다 빨리 IT 트렌드를 읽고 알리는 일을 하며 살았다.

구글은 2014년 영국의 스타트업인 딥마인드를 인수했고, 딥마인드에서 내놓은 인공지능 알파고는 2016년 바둑의 이세돌 기사를 4승 1패로 꺾으며 AI의 가능성을 보여주었다. 이후 AI는 기업의 비즈니스 문제를 해결하는 솔루션으로 개인의 인터넷 서비스 사용을 도와주는 인공지능 비서, AI 어시스턴트(assistant)로 주목받았다. 알파고 덕분에 AI로 바둑을 배우는 (프로)기사들이 늘어났고, 바둑돌의 위치를 인식해 어디에 두면 이길 수 있는지 자리마다 확률이 표시되는 바둑판, 복기하면서 학습을 할 수 있도록 도와주는 바둑판 등이 나오는 등 제조 혁신이 이뤄지기도 했다. 기업의 디지털 트랜스포메이션(전환)에서도 AI는 단연코 필수적인 도구가 되었고, 어떤 질문에도 척척 답을 해주고 원하는 것을 만들어 주는 초거대 AI 시장을 촉발시켰다.

2015년 일론 머스크와 샘 알트만 등 걸출한 IT 인사들이 투자해서 만든(일론 머스크는 2018년 오픈AI 이사직을 사임했다) 오픈AI는 2021년부터 생성형 AI인 달리를 통해 사람이 요구하는 사진이나 이미지를 생성하는 이미지 합성 서비스를 제공하기 시작했다. 그리고 2022년에는 챗GPT라는 대화형 AI 서비스로 구글 검색을 위협할 정도의 놀라운 정보 제공 서비스를 내놓았다. 최근에는 제너레이티브 AI를 다양한 영역에서 활용할 수 있는 서비스가 봇물처럼 쏟아졌고, AI 개발사들이 함께 모여 새로운 사업 기회를 모색할 수 있는 허깅페이스(Hugging Face)같은 AI 커뮤니티나 AI API 오픈 플랫폼도 주목받기 시작했다.

이런 일련의 AI 기술 변화에서 어떤 트렌드를 읽어야 하고, 내가 얻을 수 있는 인사이트는 무엇일까? 나아가 내 비즈니스에 적용할 포인트는 무엇이고, 미래 전략은 어떻게 세워야 할까? 기술 적용의 밑바탕에는 끊임없이 체크하고 학습하고 숙고하는 과정이 필요하다. 하지만 한정된 시간 안에서 모든 정보를 습득하고 해석하는 것은 불가능하다. 신호와 소음을 가려야 하는 것처럼 때로는 취사선택을 해야 한다. 그렇다면 무엇을 챙기고, 무엇을 버려야 할까?

이 책은 기술 트렌드를 전망하지 않는다. 어디에 물고기가 많은지 말해주는 것이 아니라, 물고기가 많이 모이는 곳이 어디일지 예측하는 방법을 제시한다(물고기 낚는 법을 알려주는 것이라고도 할 수 있다). 물론 내가 제시하는 방법이 완벽할 수도 없고 이것이 전부라고 말하기도 어렵다. 하지만 오랫동안 IT 산업을 경험하고 학습한 입장에서 누구나 쉽게 따라 하고 접근할 수 있는 방법이라고 생각한다. 한마디로 IT 트렌드를 어떻게 읽고, 해석하며, 전망하는지 인사이트를 기르는 방법에 대한 책이라고 할 수 있다. 개인적으로는 그동안의 커리어를 만들어준 나만의 습관이자 루틴을 집대성한 책이라고 해도 무방하다.

이미 자신만의 방법으로 IT 트렌드를 잘 읽고 있는 분이라면 굳이 이 책을 필요로 하지는 않는다. 이 책은 비 IT 분야에 근무하면서 세상의 흐름을 좇고자 하는 분이나, IT 분야에서도 주니어 정도에 해당하여 선배의 혜안을 좇고자 하는 분들에게 적절한 책이다. 습관이 쌓이면 루틴이 된다. 이 책에서 제안하는 습관을 참고해 자신만의 루틴을 만들었으면 좋겠다. 그리고 매일 실천하면서 자신의 일에 매진했으면 좋겠다.

늘 곁에서 든든한 서포터를 자임하는 지원과 범준에게 고마움을 전한다.

차례

1부 일상/미디어에서 IT 트렌드 읽기

2부 시장/기업에서 IT 트렌드 읽기

3부 트렌드 읽기를 위한 나의 준비

4부 IT 트렌드를 비즈니스로 연결하기

1부

일상/
미디어에서
IT 트렌드 읽기

1. 키워드 중심으로 정보를 습득한다

IT미디어/뉴스레터/콘퍼런스에서 키워드 중심의 정보를 습득한다. 그리고 책을 통해서는 키워드가 의미하는 변화의 큰 흐름을 읽는다. 그런 다음 커뮤니티의 댓글, 구글 트렌드 검색으로 사용자의 반응을 살펴본다.

1995년부터 컴퓨터(인터넷) 관련 잡지에 기고하고 책 집필과 강연 활동을 했다. 그리고 2000년부터 본격적으로 인터넷 서비스 기업에서 일했다. 늘 최신 IT 트렌드를 눈여겨보고 시장 전망을 해왔다. 오랜 세월 남들보다 한 발짝 앞서 트렌드를 읽었지만, 지금 돌이켜보면 그 방법이 아주 특별하다거나 색다르다고 말하기는 어렵다. 어쩌면 가장 기본적인 일에 충실했다. 그중에서도 기본 중의 기본은 뉴스 읽기였다.

다들 비슷하겠지만 나 역시도 눈 떠서 가장 먼저 하는 일은 IT 뉴스를 챙기는 것부터다. 그래서 이 책을 읽는 분들에게도 가장 먼저 권하고 싶은 것은 뉴스 챙기기다. 특히 내가 IT에 속하지 않는 곳(산업)에서 일하고 있다면, 다른 무엇보다 매일 아침 IT 뉴스 읽기부터 시작해야 한다.

키워드 수집과 발견

다음이나 네이버의 뉴스 카테고리 중 IT 분야를 누르게 되면 하루에도 수백 개 이상의 뉴스가 올라온다. 이 뉴스를 다 소화할 수는 없다. 결국 골라서 읽어야 하는데, 어떤 기사를 읽어야 할까.

기본적으로 내가 뉴스를 읽는 방법은 세 가지다. 첫 번째는 IT 전문 사이트의 뉴스레터를 구독하는 방법이다. 내 경우 인터넷기업협회, 더코어, 더밀크 등의 뉴스레터를 구독한다. 두 번째는 페이스북이나 트위터, 링크드인에서 IT 전문가들이 소개하는 기사 링크나 요약 글을 보고 직접 뉴스를 찾아 읽는다. 이때 팔로우 할 전문가는 세미나나 콘퍼런스 등지에서 자주 연사로 나오는 분이나 IT 분야의 책을 쓰신 분 중에서 찾는다. 그리고 이들이 팔로우 하는 또 다른 전문가를 찾는 방식으로 전문가를 하나씩 팔로우해 나간다. 세 번째는 IT 뉴스를 전문으로 하는 언론사 2~3곳 정도를 정기적으로 방문하면서 기사를 읽는 방법이다. 나는 주로 아이뉴스24와 ZDNET를 이용한다.

이렇게 세 가지 경로만 살펴도 그날 혹은 그 주에 반복적으로 등장하는 뉴스를 알게 되고, 주요 키워드도 어느 정도 파악하게 된다. 특정 키워드가 눈에 띄기 시작하면 잠시지만 해당 키워드가 앞으로도 계속 나올 것인지 아니면 잠깐 등장하고 말 것인지를 생각해본다. 비 IT 쪽에 있는 분들은 이런 가치 판단을 하는 것 자체가 무척 어려운 일이다. 하지만 일단은 어떤 것이 있는지 파악하고 뜻(혹은 용처 등) 정도는 알아둔다. 이 키워드는 앞으로 뉴스뿐만 아니라 다른 곳에서도 계속 등장할 것이기 때문이다.

뉴스에서 자주 봤는데 이 주제로 콘퍼런스도 열리네. 이런 식으로 관심을 가졌던 키워드, 눈에 띄었던 키워드가 더 많은 곳에서 캐치 된다면 본격적으로 학습 필요성이 있는 키워드라 할 수 있다. 그리고 이쯤 되면 빠르게는 관련 책이 나왔다는 소식도 들을 수 있다(먼저 서점으로 해당 키워드를 검색해보는 것도 좋다). 이렇게 키워드를 인지한 상태에서 짧게는 두어 달, 길게는 반년에서 일 년 정도를 살피면서 잠깐 이러다 말지 앞으로 몇 년은 더 떠들 내용이 될지 혹은 그 이상으로 오래가는 트렌드가 될지 생각해본다.

일례로 한 1~2년 사이 페이스북이나 뉴스에서 스마트 컨트랙트(Smart contract, 블록체인 기반의 계약서)와 NFT(Non-fungible token, 블록체인 기술을 이용해서 디지털 자산의 소유주를 증명하는 대체 불가능한 가상의 토큰), DAO(Decentralized Autonomous Organization, 개인들이 모여 자유롭게 제안하고 투표하며 의사결정 하는 탈중앙화 자율조직) 등의 키워드가 자주 눈에 띄었다. 이 키워드들은 IT 뉴스에서만 언급되지 않고 금융, 부동산 그리고 마케팅 분야에서도 다뤄졌다. 여러 곳에서 사용된다는 것은 앞으로 IT 분야에서도 중요하게 다뤄질 것이라는 신호다.

실제로 블록체인 기술의 하나인 스마트 컨트랙트는 암호 화폐뿐만 아니라 부동산이나 무역업 등 여러 산업 분야에서도 종종 등장하면서 복잡한 이해 관계자들 사이의 자동화된 계약 처리 사례로 등장했다. 또한 NFT는 비트코인처럼 디지털 창작물을 거래하는 목적으로 이용되면서 부각되었는데, 마치 재테크 트렌드처럼 사람들에게 빠르게 퍼져갔다. 현재는 스타벅스, 신세계백화점, 현대카드 같은 전통 기업에서 새로운 멤버십 관리와 프로모션, 마케팅 목적으로 이용되고 있다. 이처럼 뉴스를 읽고 주요 키워드를 확인하고, 해당 키워드가 사람들 입으로 자주 오르내리는지, 여러 곳으로 지속해서 노출되고 확대되는지, 이를 파악하는 것이 트렌드 진행 여부를 판단하는 중요한 과정이 된다. 최근(2023년)에는 메타버스, 소셜 파티, 챗GPT 등이 눈에 띄는 핫 키워드로 부상 중이다. 이중 무엇이 여러 산업 분야로 파급력을 가지게 될지 단정 짓기 어렵지만 계속해서 지켜보며 변화 추이를 살피는 것은 필요하다. 만약 방금 언급한 키워드를 잘 모르겠다면 지금 당장 뉴스 검색으로 관련 기사를 읽거나 별도의 책을 구해서 읽어야 한다.

트렌드를 읽는다는 것은 개념 정도를 이해하는 것으로만 끝나서는 안 되고, 추가적인 학습으로 내 일에 어떻게 적용 가능한지 생각해 보는 것까지여야 한다.

키워드 이해

경제 용어가 중요한 것만큼 IT 용어도 IT 초보자들에게는 무척 중요하다. 비 IT 분야에 있는 분들이 IT 분야에 있는 분들과 대화할 때 무슨 소리인지 하나도 못 알아듣겠다는 말을 자주 한다. 전문 용어를 심하게 섞어서 말하는 IT쪽 상대방도 문제지만 기본적으로 알아야 할 용어나 개념 등을 너무 모르는 이쪽도 문제다. 요즘은 '디지털 리터러시'(디지털 문해력)라는 표현도 자주 쓴다. 주요 디지털 기술과 키워드, 신규 용어들은 그때그때 외우고 익혀야 한다. 이게 안 되면 뉴스를 읽거나, 관련 종사자들끼리 나누는 고급 정보를 내가 획득한들 해석이 불가능하다. 지금 한 번 체크해보자.

서비스 지표를 뜻하는 DAU(Daily Active User, 일간 활성 사용자 수), WAU(Weekly Active User, 주간 활성 사용자 수), MAU(Monthly Active User, 월간 활성 사용자 수) 그리고 DT(Duration Time, 사용자 체류 시간), Retention rate(유지율) 등은 물론이고 NFT, 웹3, 메타버스, AI 어시스턴트와 IoT, 디지털 트윈(Digital twin, 컴퓨터에 현실 속 사물의 쌍둥이를 만들고, 현실에서 발생할 수 있는 상황을 컴퓨터로 시뮬레이션함으로써 결과를 미리 예측하는 기술) 등 이런 키워드를 두고 처음 듣거나 잘 모르겠다면 IT 트렌드의 최신 경향을 따라가지 못하고 있다고 봐야 한다.

모르는 단어가 등장할 때는 단어장 정리까지는 아니더라도 검색을 통해 의미 파악은 한 번씩 하고 넘어가는 것이 좋다. 그렇게 두어 번 계속해서 하다 보면 자연스럽게 용어의 뜻도 기억하게 된다.

인터넷, 디지털 기술은 워낙 빠른 변화가 있다 보니 새롭게 익혀야 할 용어들이 매년 쏟아져 나온다. 5년 전만 해도 4차 산업혁명과 디지털 트랜스포메이션, xTech, 스마트 팩토리 등이 언론이나 전문가들 사이에서나 자주 회자되었지만 2021년 접어들면서부터는 일반 뉴스 등에서도 DeFi(Decentralized Finance, 탈 중앙화 금융), DEX(탈 중앙화 거래소), NFT, 웹3(읽기, 쓰기, 소유라는 개념까지 포함 되어 플랫폼에 구애받지 않고 웹 상의 소유물을 NFT 등을 이용해 자신이 갖게 되는 것을 말한다), Creator Economy(크리에이터나 인플루언서가 자식의 창작물에서 수익을 올릴 수 있도록 하는 소프트웨어 기반의 경제) 등의 키워드가 등장하기 시작했다. 이때 키워드의 부상이 어떤 의미인지 파악하는 것은 용어의 뜻을 이해하는 것 만큼이나 중요하다.

xTech는 산업의 변화를 지칭하고, DT는 기업의 혁신을 뜻하며, AI 어시스턴트는 사용자가 사용하는 서비스를 의미한다. ESG는 기업의 사회적 책임과 역할에 대한 주문이며, NFT는 자산의 거래와 소유에 대한 인증을 위해 사용되는 솔루션을 뜻한다. 즉, 키워드의 의미 이해도 중요하지만 해당 키워드가 산업, 기업, 사회, 사용자 중 어느 영역에 해당하며, 누구를 위해 사용되는지,

어떤 역할을 하는지 등을 다각적으로 이해하는 것이 중요하다. 단순히 개념적 정의로만 알아서는 안 된다. 그래야 매일같이 쏟아지는 IT 용어가 만드는 거대한 트렌드를 이해할 수 있다.

콘퍼런스에서의 정보 수집

IT 분야에는 대형 콘퍼런스도 많다. 세계적인 행사로 자리매김한 CES(라스베이거스에서 열리는 소비자 가전 전시회), MWC(스페인 바로셀로나에서 열리는 모바일 산업 콘퍼런스), IFA(독일 베를린에서 열리는 가전 제품 박람회) 등이 있고 IT기업인 애플, 구글, 메타, 삼성전자, 아마존 등이 주최하는 개발자 콘퍼런스나 기술 콘퍼런스 등도 있다. 이들 콘퍼런스가 열린다는 소식을 들으면 어떤 키워드가 메인인지 살피는 일을 가장 먼저 해야 한다. 그런데 키워드에만 집중해 어떤 기업이 나왔고 이들이 선보이는 제품과 기술이 무엇인지에만 시선을 빼앗기게 되면 기술과 서비스가 우리 일상을 어떻게 바꿀 것인지, 그렇게 되면 사용자 경험은 어떻게 될 것인지, 이로 인해 만들어지는 사회적 가치는 무엇인지 상상하는 것을 놓치게 된다. 특히 IT 산업에 있는 초보자이거나 비 IT 분야에서 일하는 분일수록 기술적으로 신기한 것에 눈이 팔리고 관심이 갈 수밖에 없는데, 그렇게 되면 기술 발전 속도에 현기증을 느끼는 것도 사실이지만, 또 다르게는 기술에 함몰되어 좀 더 본질적인 변화나 사용자들의 바뀐 욕구를 놓치게 된다. 즉, 현상 너머에 있는 변화의 본질을 보는 것이 우리가 핵심적으로 해야 하는 일이 되어야 한다는 것을 잊어서는 안 된다(앞으로 이 얘기는 계속해서 반복적으로 나온다. 이 책의 가장 핵심이 되는 얘기이다). 그래서 콘퍼런스에서도 기술 자체보다 기술로 구현된 상품과 이것이 실질적으로 사용자에게 어떤 가치와 혜택을 주는지 생각해보는 것이 매우 중요하다.

코로나19 이전만 해도 글로벌 콘퍼런스를 관람하는 것이 상당한 비용과 시간을 필요로 하는 일이었다. 하지만 지금은 대부분의 콘퍼런스가 온라인 스트리밍으로 실시간으로 행사 내용을 볼 수 있도록 서비스하고 있어 굳이 행사장을 가지 않고서도 주요 내용을 챙겨 볼 수 있다. 심지어는 유튜버들이 올린 요약 영상도 실시간으로 올라와 몇 번만 검색해도 행사장 정보를 쉽게 얻을 수 있다. 찾고자 하는 마음만 있으면 얼마든지 최신 정보를 책상에서 접근할 수 있는 세상이다. 그럼에도 나는 콘퍼런스 현장에서 보는 경험이 중계 화면만으로 볼 수 없는 어떤 인사이트 같은 것을 준다고 생각한다. 그래서 여전히 현장 방문의 필요성을 높게 보는 편이다. 만약 해외 유명 콘퍼런스 방문 기회를 얻는다면 다음의 두 가지 팁을 꼭 기억했으면 좋겠다. 자주 가면 알게 된다고 내가 CES나 MWC 등을 여러 번 다녀보면서 얻게 된 팁이다.

첫 번째는 내부 전시장을 한눈에 담을 수 있는 높은 위치에 자리를 잡고 사람들 움직임을 보는 것이다. 사람들이 어느 부스에 가장 많이 몰리고 어떤 제품과 기술 관람에 오랫동안 시간을 쓰는지 살펴본다. 이렇게 보다 보면 언론 등에서 중요하게 다루지 않았지만 현장에서 화제가 된 부스 등을 파악할 수 있다. 현장에서 그런 곳을 알게 되었다면 호텔로 돌아와 해당 부스의 기업과 제품 등을 체크한 후 다음 날 실제 방문을 해본다. 그러면 먼 곳까지 가서 놓치는 포인트 없이 꼼꼼하게 관람하고 오는 게 된다.

두 번째는 행사 첫날과 마지막날 그리고 마지막 다음날, 행사장 주변의 식당과 10여명 이상의 단체 손님을 받을 수 있는 크기의 레스토랑에 혼자 머물며 식사를 하는 방법이다. 여기서는 귀동냥을 하는 게 핵심이다. 귀를 쫑긋 세우고 주변 손님들(행사 방문객 혹은 부스 운영자)이 말하는 키워드에 집중해야 한다. 운이 좋다면, 이들이 술에 취해서 이야기하는 전시 속사정과 뒷이야기를 들을 수 있는데(취중진담이라고 하지 않던가) 화려하지만 실속이 없는 것은 무엇이며, 반대로 지금 당장 상용화가 가능하지만 여러 가지 이유로 주목받지 못한 것이 무엇인지 등 표면에 드러나지 않은 실질적인 정보를 얻게 된다.

정리를 해보자. 뉴스 미디어 등을 통해서 IT 뉴스를 읽는 것은 매일 같이 해야 하는 중요한 습관이다. 뉴스를 읽으며 모르는 키워드, 자주 반복되는 키워드가 등장한다면 추가적인 공부로 키워드를 둘러싼 맥락 읽기를 해야 한다. 그리고 글로벌 콘퍼런스나 국내에서 열리는 크고 작은 세미나 등을 방문해 IT 기술이 만든 제품이나 서비스를 현장에서 확인하고 이들이 사용자에게 주는 가치가 무엇인지 생각해 보아야 한다. 유튜브를 통해서 학습하는 것도 좋지만, 직접 보고 만지며 현장의 분위기를 느끼고 관련 현장 담당자들과 대화해야 더 많은 인사이트를 얻을 수 있다.

2. 보고서/책으로 키워드를 심화 학습한다

좀 더 심화된 정보 습득은 보고서 읽기를 통해서 가능하다. 그동안 습득한 정보를 바탕으로 책을 참고삼아 지식 정리를 해보자. 이때 작가의 인터뷰 영상 등을 활용한다면 책의 메시지를 더욱 효과적으로 기억하게 된다.

뷔페와 코스의 차이는 다양성과 전문성의 차이라 할 수 있다. 뷔페에서 다양한 음식들을 맛볼 수 있다면, 코스에서는 특정 종류의 음식을 깊게 즐길 수 있다. 뉴스나 블로그, 세미나에서 파악하는 트렌드를 뷔페에 비유한다면, 코스는 책이나 보고서라 보면 된다. 그래서 좀 더 전문적이고 깊은 지식을 얻고자 한다면 뷔페 대신 코스를 즐겨야 한다. 한마디로 얘기해, 뉴스에서는 이것저것 정보를 습득하고, 보고서에서는 지식을 체계화를 하고, 책에서는 통찰력을 얻는 방식이라 할 수 있다.

보고서 찾기

공공 연구 기관과 각종 단체, 기업 연구소 그리고 대학과 증권사에는 다양한 전문 분야별 연구 보고서와 자료가 넘쳐 난다.

이들 보고서에는 정확한 근거와 각종 통계 자료 등이 포함되어 있다. 그래서 매우 신뢰성 높은 정보라 할 수 있다.

보고서를 찾을 때는 구글링을 이용하면 편리하다(네이버보다는). 예를 들어, 찾고 싶은 키워드가 웹3.0이라고 한다면 구글에서 '웹3.0 filetype:pdf'로 검색하면 된다. 그러면 웹3.0 관련 자료 중 PDF로 발행한 파일만 찾아준다. 일반적으로 연구 보고서는 PDF 포맷으로 배포되는 일이 많아 특정 주제의 보고서를 찾을 때 검색 파일을 PDF로 지정하면 좀 더 양질의 보고서를 빠르게 찾을 수 있다.

연구 보고서는 당연히 전문가의 식견이 담겨 있고 뉴스와는 다른 깊이가 있기 때문에 심도 있는 스터디를 할 때 유용하다. 그래서 일반적인 트렌드 읽기를 하다 이 주제는 내가 좀 더 공부해야겠다 싶을 때 보고서를 찾으면 된다. 그리고 당연한 얘기겠지만 보고서를 읽으며 찾은 중요 통계 자료나 시사점은 메모장이나 에버노트(메모 앱) 등으로 별도로 기록해두면 더 좋다.

책 읽는 법

뉴스, 보고서, 블로그, 브런치, 유튜브 등 다양한 채널에서 정보를 찾고 많은 기사들을 읽다 보면 뒤죽박죽 머릿속으로 정리가 안 될 때가 있다. 특히 관련 지식이 부족하거나 IT에 대한 경험이 없다면, 오히려 너무 많은 정보가 독이 되기도 한다. 이럴 때는 내 관점으로 카테고리를 정리하고 목차를 세운다는 생각을 하는 것이 좋은데, 이럴 때 참고할 수 있는 것이 책이다. 아시다시피 책은 낱개의 글이 병렬로 나열된 것이 아니라 작가의 관점에 따라 정(正)과 부(副)로 구성된 글 목록이라 할 수 있다. 그러니 배우는 입장에서는 책 목차 그대로를 내 머릿속으로 옮겨온다 해도 크게 문제 될 일은 없다. 오히려 초보에게는 정보 정리를 수월하게 하는 방법이 된다. 그래서 아직 주니어 레벨에 있거나 비 IT 분야에서 있다면, 매월 1~2권 정도 IT 분야 책을 읽는 것이 좋다. 그렇게 보다 보면 서서히 나만의 목차도 만들 수 있게 된다.

그럼 본격적으로 책 읽는 방법에 대해서 살펴보자. 나는 연간 100여 권 정도를 읽는다(주로 완독보다는 발췌독을 하는 편이다). 통상 서문을 정독하는 것에서부터 시작하는데, 프롤로그(서문)에는 집필 의도와 책에서 가장 핵심이 되는 키워드, 시사점 등이 정리되어 있다. 이때 저자의 관점을 이해하고 저자의 시선에서 책 전체 스토리를 들여다보는 것이 중요하다. 서문 읽기를 한 다음에는 목차를 보면서 큰 대제목(파트)이 몇 개로 되어 있는지, 대제목 아래 중제목(챕터)은 무엇인지 등을 살펴본다. 이때 파트의 순서와 파트 내에서의 관계와 층위를 보면서 집필 의도와 핵심 키워드를 떠올리고 책 제목과 어떻게 연계되는지도 곱씹는다.

나는 서문과 목차를 읽고 해석하는 데에만 30분 정도의 시간을 쓴다. 책마다 다를 수는 있지만 그 정도의 시간을 쓰고 숙고하는 것이 책이 담고 있는 지식 체계(나아가 책의 주제)를 가장 잘 이해하는 방식이다. 숙고가 끝났다면 이제 본격적인 책 읽기를 시작한다. 이때 가장 관심이 가는 챕터부터 정독한다. 이런 식으로 우선순위 형태로 발췌독을 하면 책 전체를 읽지 않고 30~40% 분량만으로도 책의 핵심을 얼추 파악하게 된다.

목차와 내용을 번갈아 가면서 책을 볼 때 내가 자주 쓰는 방법은 전자책을 활용하는 방법인데, PC에 모니터 두 대를 연결해서 한 화면에는 책 페이지를 펼쳐 두고 다른 화면에는 책의 목차를 띄워 놓고 양쪽을 번갈아 보며 읽는 방식을 쓴다. 그러면 내가 지금 읽고 있는 부분이 전체 목차의 어느 부분이고, 해당 목차의 앞뒤로 어떤 내용이 있는지 살펴보기가 쉽다. 그러면 책을 좀더 구조적으로 빨리 이해하게 된다. 그리고 다른 일 때문에 책 읽기를 멈췄다 다시 돌아와도 맥락 잡기에 유용하다. 그리고 이런 식으로 책을 읽다 전체를 읽어야겠다는 생각이 들면, 그때부터는 첫 번째 챕터로 돌아가 처음부터 끝까지 완독을 목표로 하며 읽는다. 그리고 정말 통찰력이 넘치는 책이라고 생각을 하면 마인드맵 프로그램을 이용해 책 속 내용을 자세히 정리 요약한다. 요약법은 책을 읽으며 중요하게 보았던 문장을 옮겨 쓰는 방식이 가장 쉽다. 핵심 문장만 옮겨 두면 차후에 내용을 복기할 때도 유용하다.

작가 팔로잉 하기

칼은 누구의 손에 들려지는지에 따라 용도가 달라진다. 의사의 손에 들리면 사람을 구하고, 요리사의 손에 쥐어지면 사람의 입을 즐겁게 한다. 하지만 강도의 손에 들어가면 사람의 목숨을 위협한다. 기술 역시도 무엇인지, 설명하기 이전에 왜 사용하는지, 어떤 이유로 탄생했는지 이해하는 것이 선행되어야 한다. 기술 자체에만 시선이 머물러서는 안 되고, 기술이 가져다주는 가치와 영향을 폭넓은 시선으로 진단해야 한다. 평소 다양한 정보 습득과 학습이 바탕이 되지 않고서는 이 같은 인사이트 읽기가 쉽지 않지만 책을 통해서는 조금 수월하다.

아무래도 책은 비즈니스 현장보다 지체될 수밖에 없다. 지체된다는 의미는 트렌드로 숙성되기 위해서는 일정한 시간을 필요로 한다는 뜻이 된다. 출간된 책을 통해서는 트렌드가 되어버린 현실을 이해하고 배우기에 안성맞춤이다. 물론 책에서 다루는 주제 전부가 본질을 생각할 정도로 중요한 의미가 있으며 트렌드라 부를 정도의 가치가 있느냐는 금방 판단하기는 어렵다(이 역시도 시간을 필요로 한다). 하지만 책으로 묶을 정도가 되고 사람들이 이를 열심히 구해서 읽는다고 한다면 나도 함께 해당 기술을 이해하고 이후 변화를 고민할 정도가 된다는 것을 뜻한다. 더군다나 책을 쓰신 작가분들은 현업에서 해당 기술을 연구하는 엔지니어도 있지만, 이를 이용해 돈벌이를 구상하는 사업가일 수도 있고, 원천 기술을 오랫동안 연구한 학자일 수도 있다. 이처럼 다양한 분야의 분들이 자신의 관점(혹은 역할)에서 트렌드를 읽고 썼기 때문에 해당 기술이 몰고 올 사회 현상을 이해하는 폭넓은 관점을 제공해준다.

그리고 인상 깊었던 책이 있다면, 작가의 이름과 약력을 확인한 후 유튜브에 동영상(강의)은 없는지 찾아보자. 틀림없이 해당 저자의 강연이나 인터뷰 등이 있다. 관련 영상을 추가로 찾아보면 책에서 이해하기 어려웠던 내용을 좀 더 쉽게 파악하고, 책 이후 업데이트된 최신 정보도 얻을 수 있다. 그리고 저자 소개에 있는 브런치, 페이스북, 트위터도 팔로워 해두면, 좀 더 실시간으로 작가의 인사이트 있는 이야기 등을 들을 수 있다. 이런 방식으로 얻은 정보는 책 이상의 영감을 줄 때도 있다. 그리고 작가의 의견이 썼던 책과 계속 동일하게 유지되는지, 혹시 바뀌지는 않는지, 그렇다면 그 이유는 무엇인지 등도 챙겨 보는 것도 잊지 말아야 한다. 트랜드로 굳어진 것이라 하더라도 때에 따라 세부

디테일은 변할 수 있는데, 그런 걸 놓치지 않는 게 중요하다.

정리해보자. 우리는 다양한 경로의 뉴스 읽기로 IT 트렌드를 파악할 수 있는 조각들을 모았다. 그리고 이런 조각들을 서로 연결해 좀 더 깊은 혜안, 인사이트를 얻는 법에 대해서도 배웠다. 그 방법은 전문 보고서를 읽거나 책을 읽는 방법이 유용하다. 특히 책은 작가의 관점과 안목이 수백 페이지의 문서를 통해서 드러나기 때문에 조금 더 체계화된 지식을 얻을 수 있다. 나아가 책의 지식 체계를 활용해 내 생각을 정리하기도 쉽다. 그러니 뉴스 읽기와 함께 책 읽기도 꼭 병행되어야 할 트렌드 읽는 습관이다.

3. 다양한 분야의 고수에게 질문을 던진다

고수를 찾아 나서자. 그들의 관점을 흡수하고 때로는 비판을 가하자. IT 트렌드라고 해서 꼭 기술 전문가만 찾을 이유도 없다. 여러 다양한 분야의 고수로부터 읽을 필요도 있다. 이때 적절한 질문법도 꼭 기억하자.

블록체인, NFT, 메타버스, AI 등 점점 더 다양해지는 IT 분야를 속속들이 알기는 불가능하다. 학습으로 지식을 쌓기에 시간이 부족하거나 시일이 급할 때면, 해당 사업이나 기술을 경험한 분들로부터 조언을 얻는다. 그러면 좀 더 빨리 결론에 도달할 수 있고, 문제점 발굴에서도 좀 더 나은 시사점을 얻을 수 있다. IT 전문가로 손꼽히는 분들의 SNS 계정을 팔로워 하는 이유도 이와 다르지 않다.

구루 찾기

통찰력을 갖춘 구루(Guru, 존경할 만한 전문가)는 어디에서 찾을 수 있을까? 큰 기업이라면 관련 학과 교수나 전문 컨설턴트 혹은 업계 종사자들을 찾아 자문을 구하겠지만 개인은 그럴 수 없다. 대신 SNS를 통해 고수들로부터 귀동냥이라도 할 수 있다면 그것만으로도 큰 도움이 된다. 그런데 모든 구루들이 SNS나 블로그 등을 운영하며 평소 자신의 생각과 지식을 떠들지는 않는다. 그리고 직접 자신의 의견을 밝히기보다는 여러 파급성을 고려해 은유적으로 얘기할 때도 많다. 그래서 구루의 관점을 꿰뚫어보려면 글과 함께 구루들이 꼭 보라고 링크 걸어주는 기사도 함께 보는 것이 좋다.

일단 핵심은 IT 구루를 어디서 찾느냐인데, 링크드인을 가장 추천하고 싶다. 링크드인은 여러 전문가와 기업인들이 자신의 전문 분야와 경력 등을 디테일하게 소개하고 서로 네트워킹을 맺을 수 있는 공간으로 유명하며 특히 IT 분야 종사자들이 많이 이용한다. 들어가서 회사명이나 기술 키워드를 검색하면, 자신이 그 분야의 전문가라고 체크한 분들을 찾을 수 있다. 한 분씩 이력을 확인하고 경험한 업무 내역과 강연이나 집필 활동 그리고 SNS 등을 확인한다. 그러면 이분이 통찰력이 있는 구루인지 아닌지가 금방 파악된다. 그리고 링크드인에서는 페이스북처럼 글도 쓸 수 있는데, 글을 보면서도 유사한 판단을 할 수 있다. IT 초보자 입장에서는 이분들 얘기가 다소 어렵고, 전문가 수준에서나 알아들을 법한 이야기가 많을 때도 있지만, 간혹 쉽게 풀어서 이야기 하는 전문가를 만난다면 반가운 일이 아닐 수 없다.

그래서 쉽게 잘 설명해주는 분, 나를 잘 이해시켜 줄 수 있는 전문가를 찾는 것이 중요하다.

전문가를 찾았다면 그들이 팔로우 하는 친구도 살펴보자. 고수의 식견도 그냥 뿅 하고 나오는 것이 아니라 그들이 팔로우 하는 또 다른 전문가의 지식과 버물어지면서 나온다. 그래서 팔로워의 팔로워 식으로 꼬리에 꼬리를 물 듯 계속해서 전문가의 전문가를 발견해서 고수들의 리스트를 확보해나가고 더 잘 설명해주는 분을 찾는 것이 중요하다.

AI를 활용한 자율주행차가 자동차와 모빌리티 시장에 어떤 영향을 줄 것인지 전문가 관점은 다양하다. 완성차 업체에 오랜 관록을 가진 종사자의 입장과 모빌리티 스타트업에 있는 경영진 의견, AI 전문 교수의 식견, AI 솔루션 회사의 생각 등이 모두 다른 것과 같다. 이때 여러 전문가의 생각을 골고루 참고하며 내 생각을 정리하는 것이 중요한데 자율주행의 기술적 완성도를 최우선으로 보는지, 제한적인 자율주행이라 하더라도 이로 인한 운전자 경험에 중점을 두는지, 자율주행이 가져올 자동차 산업의 비즈니스 혁신에 중점을 두는지 하나씩 비교해 보면서 어떤 시각차가 있는지 확인한다. 그래야 내 입장에서의 관점도 명쾌하게 정리된다.

실제 자동차 산업에 혁신을 만들고 있는 테슬라의 자율주행

차를 보는 시선에는 여러 가지가 있다. 가장 빠른 속도로 전기차를 보급했고 자율주행에서도 시장을 선점했다는 관점이 있는가 하면(다른 자동차 기업보다 차량 데이터를 이미 광범위하게 확보하고 있어, 이미 상당히 유리한 위치를 점하고 있다), 여전히 가장 많은 차(내연 기관 자동차)를 팔고 있고 업력과 인지도 면에서도 유리한 위치에 있는 기존의 자동차 메이커들이 조만간 따라잡을 거라는 관점도 있다. 이들 업체가 개발 중인 자율주행 차량이 언제 치고 나갈지는 아무도 모른다. 그리고 여기서 중요하게 봐야 할 포인트가 하나 더 있다. 자율주행의 보급 속도나 기술적 완성도가 아니라 자율 주행이 되는 차 내에서 운전자는 어떤 경험을 하느냐이다. 이는 동시에 어떤 비즈니스 기회가 만들어질 것인지 고민하는 것과도 연결된다. 닭의 모가지를 비틀어도 새벽은 오는 것처럼 자율주행은 이제 시간문제다. 가랑비에 옷 젖듯 언젠가는 우리 일상으로 들어올 것이다. 그런 시대가 도래한다면 과연 어떤 새로운 고객 가치가 만들어질까? 이런 포인트에 주목해야 한다.

그리고 자동차 산업 핵심 관계자 이야기만 청취할 것이 아니라, 인공지능 전문가가 말하는 자동차의 미래, 콘텐츠 기획자가 말하는 자율주행의 기회, 여행가나 택시 기사 등 다른 업종에 있는 IT 전문가의 이야기도 주목할 필요가 있다. 자율주행 기술이 꼭 자동차에만 적용되라는 법도 없다. 다른 영역에 적용되면 어떤 가치가 만들어질까? 농사를 짓는 트랙터나 물 위의 선박 그리고 화물차나 택시에 적용된다면 또 어떻게 달라질까? 마치 변방에 있는 것 같지만, 이들의 생각까지도 참고할 때 새로운 발상이 나오고 새로운 가치가 탄생한다. 그런 점에서 보면 각기 다양한 산업에서 각자의 다른 시선으로 IT를 읽을 때 트렌드 읽기는 좀 더 정확해진다.

다양한 고수 만나기

IT 트렌드를 읽는다고 해서 꼭 IT 전문가만 찾아다닐 필요는 없다. 일반적인 견해를 듣고자 한다면 IT와 무관한 사람들이 기술을 어떻게 수용하고 해석하는지 보는 것이 더 나을 때도 있다. 그래서 가끔은 IT 분야의 블로그가 아니라 여행, 자동차, 시계, 명품, 헤어, 음식 등의 주제를 가진 블로거를 찾을 필요도 있다. 물론 이들이 언제 IT 관련 이야기를 할지는 모른다. 그래서 이럴 때는 리뷰나 후기 게시판을 참고하면 좋다. 보통은 활성화된 서비스를 먼저 이용해보고 평을 한다거나 앞으로 이런 것도 나왔으면 좋겠다 류의 이야기로 후기나 리뷰를 많이 쓰다 보니 이런 쪽을 챙겨보면 도움이 된다. 자동차 블로거라면 전기차, IT기기 블로거라면 스마트 워치나 스마트폰, 음식이나 식당 블로거라면 예약 앱이나 배달 앱, 요리 블로거라면 요리에 사용되는 조리 기구의 디지털화 등을 언급할 수 있다. 이런 식의 접근은 시장 중심적으로 트렌드를 이해하는 방법이다. 디지털화된 사회에서는 IT 트렌드와 일반 트렌드를 구분하는 것이 무의미할 수도 있기 때문에 우리가 꼭 IT 관계자로만 촉수를 뻗을 필요는 없다.

테슬라는 매년 AI 데이 라는 행사에서 자율주행과 AI, 로봇 등의 기술 그리고 새로운 상품과 솔루션 소개한다. 2022년 9월 AI 데이에서는 새로운 휴머노이드 로봇 기술을 발표했다. 사람을 닮은 로봇이 나와 여러 제스처를 취하고 걷는 모습을 시연했는데, 여기에 로봇의 양산 계획과 가격까지도 발표했다. 그리고 로봇에 적용된 M1칩셋(CPU중앙처리장치와 GPU그래픽처리장치, 신경망처리장치NPU, 메모리RAM 등을 하나의 칩으로 통합한 시스템 반도체)과 Dojo슈퍼컴퓨터(테슬라의 자율주행기능과 인공지능 구동에 필요한 신경망 훈련에 사용하는 컴퓨터)도 발표했다. 그런데 이 발표 하나를 두고도 IT 전문가들은 다양한 견해를 쏟아냈다.

로봇공학 전문가는 인간의 모습을 한 2족 로봇이 개발에 착수한 지 1년도 안 돼 이 정도 수준까지 나올 수 있었다는 점에 박수를 보낸다 했고, AI 전문가는 로봇에 이용된 테슬라 자동차의 FSD(Full Self Driving, 테슬라에서 말하는 완전자율주행)기술과 M1 칩셋의 처리 속도에 주목했다. 비즈니스 전문가는 인간이 아니면 할 수 없다고 생각한 부분에서도 로봇이 할 수 있는 역할에 주목했다.

테슬라가 발표한 로봇

그리고 2천만 원가량의 가격에 대해서도 칭찬을 아끼지 않았다. 이렇게 전문 분야별로 사람들의 생각은 다양하다. 그리고 IT와 전혀 무관한 분야에 있는 사람들 또한 전문가들과 다르게 생각한다. 로봇과 인간이 공존하는 세상이 마냥 무서워 보인다고 말하는 사람이 있는가 하면, 로봇이 앞으로 어떤 역할을 대신해줄 수 있으니 좋다라고 말하는 사람도 있다. 모두가 자신이 처한 환경에 따라 다른 생각을 한다. 이처럼 다른 생각들이 모이고 부딪혀야 새로운 발전이 일어난다.

올바른 질문하기

생각이 부딪히는 과정에서 올바른 질문은 정말 중요하다. 당신은 왜 그렇게 생각하는지, 그 이유를 무엇으로 보는지 등의 질문은 트렌드를 심층적으로 이해할 수 있는 도구 역할을 한다. 뻔한 질문은 뻔한 답을 줄 수밖에 없기 때문에 기발한 의견이나 깊은 통찰력을 얻으려면 질문이 기본적으로 좋아야 한다. 그렇다면 올바른 질문은 어떻게 할 수 있을까? 우선 단답형으로 답할 수 없는 질문을 해야 한다. 이게 맞냐? 저게 틀리냐? 를 묻는 방식이어서는 안 된다(이런 식의 질문은 감정이나 생각이 개입되지 않는 소비자 조사에도 유용하다).

알파고 이후 기업 AI 시장에 대한 관심이 커졌고, 관련 AI 기업에 대한 투자도 커졌습니다. 기업을 위한 AI 솔루션 시장은 앞으로 어떻게 될까요? 라는 질문은 단답형으로 귀결될 수 있다. 그렇다면, 이 질문은 다음처럼 바꾸어야 한다. 알파고로 AI에 대한 대중적 관심이 커지면서, 이렇게 사람보다 더 빠른 계산을 할 수 있는 AI가 기업 현장에도 속속 적용되고 있습니다. 동시에 다양한 비즈니스 기회도 만들어지고 있습니다. 기업에서의 AI 도입은 비즈니스 관점에서 그간 어떤 성과가 있었고, 앞으로는 어떻게 진화될까요? 또 그런 기업에 AI를 공급하는 AI 솔루션 기업의 미래는 어떻게 될까요? 이 정도 질문은 IT에 대한 식견이 없는 상태에서는 하기가 어렵다. 하지만 수준 높은 질문도 연습이라고 생각하고 자꾸 호기심을 갖고서 질문 만들기를 해볼 필요가 있다.

모호한 질문은 애매한 답만 만들어낸다. 그래서 너무 넓은 범위를 포괄하는 질문은 안 된다. 질문이 뾰족해지려면 구체적으로 물어야 한다. 암호화폐와 NFT의 비즈니스 기회는 무엇일까요? 라는 질문은 너무 폭넓은 질문에 속한다. 이런 질문은 답하는 사람도 이런저런 주변부 같은 얘기만 하다 정작 중요한 포인트에 대해서 아무 말 없이 넘어간다. 너무 구체적이면 단답형이 되고 그 반대가 되면 모호해지고 그래서 그 사이의 적정선을 묻는 게 질문을 잘하는 능력이고 핵심이다.

좋은 질문을 하려면 나는 어떤 답을 갖고 있는지 미리 생각해보는 것도 좋다. 내가 생각하는 답이 상식 수준이라면 그 이상의 답을 얻기 위해서는 질문을 어떻게 바꾸어야 할지 미리 고민해보게 된다. 메타버스가 앞으로 활성화된다면 AR과 VR 중 어떤 것 위주로 시장이 재편될까요? 라는 질문은 우선 메타버스가 활성화되지 않은 경우는 배제하고 있는데, AR과 VR 두 가지 선택지만 물어보는 것이라 좋은 질문이라고 말하기는 어렵다. 차라리 메타버스 시장의 활성화를 위해 필요한 필수 요건은 무엇이라고 생각하나요? 그런 조건이 달성되어 메타버스 시대가 도래

했을 때 AR과 VR이라는 서로 다른 기술은 어떻게 진화될 것이라고 전망하나요? 이렇게 질문하는 것이 더 낫다.

전문가를 인터뷰하는 기회가 생긴다면, 질문은 굵은 선처럼 네댓 가지면 충분하다. 잘 짜인 각본보다 답을 들으면서 즉흥적으로 새로운 질문을 그때그때 만드는 게 더 좋다. 즉, 질문 리스트를 여러 개 만들어 하나씩 묻는 방식은 정형화된 답변만 얻게 될 확률이 높다. 그렇기에 질문은 굵게 구성하되, 인터뷰 중 작은 질문을 끊임없이 만들며 상대의 생각을 계속 끌어내는 것이 중요하다. 그러려면 상대방 답에 귀를 기울여야 하고, 듣다가 이해가 가지 않는 부분이 있다면 되묻기도 필요하다. 마치 스무고개를 하듯 하나씩 짚고 넘어가는 것이 중요하다.

질문의 수준을 보면 그 사람의 지식을 알 수 있다고 질문에도 레벨이 있다. 레벨이 높은 질문을 해야 좀 더 깊은 이야기를 이끌어 낼 수 있다. 하지만 내가 해당 분야에 대한 학습 수준이 떨어진다면 질문의 수준도 쉽사리 높아지기가 어렵다. 그러니 평소 다양한 방식으로 공부를 해두는 것이 트렌드를 정확하게 읽는 씨앗이 된다.

정리해보자. SNS를 통해 고수들을 찾아보고, 내 수준에서 가장 이해하기 쉽고 잘 설명해주는 고수를 팔로워 한다. 그리고 꼭

IT 고수뿐만 아니라 다른 분야의 고수도 평소 마킹해두고 한 번씩 그들이 IT에 대해 얘기할 때 주의 깊게 살펴본다. 트렌드는 결국 사회 통합적으로 만들어지고 퍼져 나간다. 그러니 IT 분야만 고집해서는 올바른 관점을 갖기 어렵다. 고수를 만날 기회가 주어지면 질문으로 내가 원하는 정보를 좀더 이끌어낼 수 있다. 이때 얼마나 좋은 질문을 하느냐가 핵심인데, 결국 평소 얼마나 많은 학습을 통해 질문하는 역량을 키우느냐와 연결된다.

4. 빅테크 기업의 통계는 상시 체크한다

주요 빅테크 기업의 경영 지표나 서비스 지표를 시시때때로 체크하고 필요하면 암기도 해두자. 그리고 SNS 팔로워 숫자 등도 살펴보자. 경영지표에는 드러나지 않은 기업 가치의 바로미터가 될 수 있다.

트렌드라는 것은 다양한 사회 모든 구성원의 욕구와 니즈가 결합하여 만들어지는 것이지, 어떤 전문가(리더)의 선언으로 만들어지는 않는다. 온전히 시장의 선택으로 결정된다. 그러면 시장의 선택, 결정은 어떻게 확인할 수 있을까? 결론부터 얘기하면 통계를 보면 어렴풋이 짐작할 수 있게 된다. 쉽게 생각해 AI가 트렌드인지 아닌지 판단하는 것은 AI 기술을 활용한 서비스나 솔루션이 시장에 많이 나오고 관련 기업의 매출이 증대되는 것을 보면 알 수 있다. 통계로 확인한다는 것은 이런 내용을 체크하는 것을 말하디. 물론 드렌드로 부상되기 전부터 데이터로 이런 흐름을 확인하고 예측한다면 우리는 좀 더 앞서 나가는 판단을 할 수 있다.

주요 기업 지표 체크

국내의 대표적인 IT 빅테크 기업으로 삼성전자와 LG전자 그리고 네이버, 카카오, 쿠팡 그리고 해외에서는 아마존과 MS, 구글, 애플, 페이스북 등을 든다. 이들 기업의 시가총액, 매출액, 영업이익 그리고 기본적인 서비스 지표는 한 번씩 체크하는 것이 좋다. 앞으로 계속해서 IT 기업에 소속되어 일할 사람이라면 더더욱 이들 기업의 숫자는 암기할 정도로 자주 들여다봐야 한다. 그리고 제조 기업에 있다면 IT를 대표하는 제품(스마트폰, 반도체 등)의 연간 판매 수량, 인터넷 기업이라면 주요 인기 인터넷 서비스의 하루 방문자수, 체류 시간 그리고 커머스 기업에 있다면 유명 쇼핑몰의 연간 온라인 거래액, 영업이익 등을 알아 두면 좋다. 내가 속한 산업의 주요 플레이어들(혹은 경쟁사)의 실적과 성장 잠재성을 드러내는 수치 등을 일정 주기로 체크한다고 생각하면 된다.

왜 체크해야 할까? 이들 주요 플레이어들의 수치가 내가 하고자 하는 일의 다음을 생각하게 하거나, 어떤 사회 현상을 읽고자 할 때 가장 기초적인 생각의 틀이 되기 때문이다. 대한민국 인구가 5천만이고 일본이나 중국, 미국과 비교해 얼마나 차이가 나는지, 인구 대비 경제 규모가 어떤지 정도는 알고 있어야 기본적인 시장 분석이 가능하다.

각종 지표를 볼 때는 현재 숫자의 확인뿐만 아니라 추이 파악에 좀 더 신경을 써야 한다. 적어도 작년 대비, 3년 전 대비, 5년 전 대비 어떻게 변화하는지 큰 틀에서 흐름을 보는 것이 중요하다. 예를 들어 네이버의 웹, 앱(모바일)의 일방문자수가 10년 전에 비해 어떻게 변했는지 카카오톡은 10년 전과 비교해 매출이나 영업이익에 어떤 변화가 있는지 이를 눈으로 확인하는 것이 중요하다. 그렇게 추이를 살피다 어느 순간 그래프가 큰 폭으로 변화할 때가 있는데, 이 순간이 바로 트렌드가 바뀌는 변곡점에 해당된다.

지표를 챙겨야 한다는 말에 모두 고개를 끄덕이겠지만 막상 어디서 정보를 얻는지는 막막할 수 있다. 안타깝지만 특별한 노하우는 없다. 검색하고 메모하는 수밖에 없다. 코리안클릭, 랭키닷컴 등에서 국내 인터넷 서비스 지표를 리서치하고, 증권 회사의 애널리스트가 발표하는 기업 분석 보고서나 산업 동향 보고서를 유심히 보는 방법이 가장 기본적이다. 그리고 해당 기업의 보도 자료나 IR 페이지를 방문해서 회사 자체에서 발표하는 자료도 확인해야 한다. (여기만 보면 된다고 딱 꼬집어 말씀드리고 싶지만, 나 역시도 그런 루트가 정해져 있는 것은 아니고, 체크 시점이 되면 여러 검색 등을 통해서 찾아보고 메모하는 방식으로 데이터를 축적한다.)

지표 보는 법

지표를 볼 때 나는 분모 분자를 섞어가며 배치해보는 방식을 종종 사용한다. 일 방문자수, 주 방문자수, 월 방문자수를 따로 보는 것이 아니라 월 방문자수를 분모로 일 방문자수로 나눠보고, 일 방문자수를 분자로 해서 주 방문자수를 나눠보는 방법이다. 예를 들면 아래와 같다.

네이버의 월 방문자수가 3,000만 명이고 일 방문자수가 1,200만 명이라면 일 방문자수를 월 방문자수로 나눈 값은 0.4 즉 40%가 된다. 한마디로 월 방문자의 40%가 하루 한 번 네이버를 방문한다는 뜻이 된다. 만일 이 퍼센트가 커지면 그만큼 사용자들이 자주 이용한다는 뜻이 되고, 사용자 충성도가 높다고 말할 수 있다. 반대로 이 숫자가 작다면 충성도가 낮다는 것을 의미한다. 방문자수가 많다고 무조건 좋은 것이 아니라 적더라도 방문률이 높을 때 더 내실 있는 서비스라 할 수 있다. 특정 앱의 월 방문자수가 A는 1,000만 명 B는 400만 명인데, 일 방문자수는 A가 100만 명, B가 300만 명이라면, 일 방문자수를 월 방문자수로 나눈 비중이 A는 10%, B는 75%이다. 즉, B가 전체 방문자수는 적더라도 반복해서 들어오는 사용자가 더 많기 때문에 충성도는 B가 더 높다고 할 수 있다. 한마디로 B가 알려지지 않아서 그렇지 마케팅만 잘 한다면 훨씬 더 많은 사용자를 불러 모을 수 있다는 것을 뜻한다.

매출과 영업이익 등의 재무제표 상의 숫자를 참고하는 것도 중요하지만, 기업의 인스타그램(혹은 다른 인기 SNS) 팔로워수와 주요 서비스(상품)의 트래픽을 상호 비교하는 것도 중요하다. 예를 들어 삼성전자와 네이버 그리고 아마존과 테슬라, 애플 등의 기업 가치(시가 총액)에 영향을 주는 변수가 매출과 영업이익인지 아니면 인스타그램이나 트위터의 팔로워 수인지 한 번 생각해보자. 테슬라의 기업 가치는 6천억 달러가 넘는다. 반면 전 세계 1위 자동차 기업인 도요타는 2천억 달러에 불과하다. 두 기업이 보여주는 기업 가치 차이는 매출이나 영업이익만으로는 해석이 되지 않는다. 그런데 여기에 SNS를 생각해보면 조금은 이해가 된다. 테슬라의 SNS에서 확인할 수 있는 신제품, 신기술에 대한 호응을 보면 토요타에 비해 압도적으로 높다. 이런 식의 패턴은 애플과 삼성전자를 비교해도 비슷하게 나온다. 단순히 기업을 재무제표로만 판단하기 어려운 것이 이 때문이다. 트렌드를 읽는다는 점에서 매출이나 영업이익도 봐야 하지만 브랜드 선호도나 SNS 팔로워 숫자 등도 함께 봐야 하는 이유이다.

정리해보자. 통계 자료는 숫자라는 객관성을 바탕으로 하기 때문에 가장 정확한 트렌드 정보라 할 수 있다. 다만 숫자를 읽을 때는 추세를 보며 과거와 현재를 비교해 떠오르는지, 가라앉는지 추이와 흐름을 보는 것이 중요하다. 그리고 숫자에는 매출과 영업이익 방문자 수 같은 경영지표도 있지만, 호감도(브랜드 인지도)나 SNS 팔로워 같은 일종의 감성(마케팅) 지표도 중요하게 봐야 한다. 이 숫자는 시장에서 느끼는 기업의 이미지 그리고 이 기업에서 출시한 기술이나 상품이라는 씨앗이 트렌드라는 열매를 맺을 것인지 말 것인지 판단하는 데 중요한 역할을 한다.

5. 논쟁과 토론으로 다양한 관점을 이해한다

여러 가지 상반된 의견들이 서로 충돌을 일으키는 과정에서 생각의 발전이 이뤄진다. IT 트렌드를 하나의 관점이 아니라 다양한 관점에서 들여다보고 효용성을 찾을 때 진짜 영향력 있는 큰 트렌드를 찾을 수 있다.

비슷한 생각을 하는 사람들끼리 서로 주고받으며 각자의 생각을 더 확신하며 발전시키는 것과 대립하는 의견을 가진 사람이 서로의 의견을 반박하며 생각의 스펙트럼을 다양하게 가져가는 것, 둘 중 어떤 것이 더 바람직할까? 둘 다 바람직하다. 그러면 바람직하지 않은 방법은? 둘 중 하나만 고집하는 것이다.

진실 찾기

라이브로 진행되는 토론(패널 토론 같은)은 모름지기 즉석으로 질문 답을 주고받으며 의견을 논박하는 자리다. 그리고 책이나 강연에서처럼 미리 계획되고 조율된 말을 하는 자리가 아니다. 공식적으로 발표되는 내용은 공식 배포 자료나 발표자 유튜브 영상 등을 찾아보면 된다. 하지만 현장에서 나누는 라이브 토론 내용이나 청중과의 질문 답은 그 자리가 아니면 다시 들을 수 없다. 발표자가 예상치 못한 질문을 받고 어떻게 답하는지, 무슨 의견을 내고 무슨 논리로 반박하는지, 이를 포착해내는 것이 핵심이다. 정제되지 않은 발언에 진실이 포함될 수 있기 때문이다.

생각의 발전이 있으려면 여러 생각을 살펴보아야 한다. 주장하는 의견과 반대하는 의견, 이런 둘의 대립을 보는 것만으로도 생각이 확장된다. 라이브 토론은 이런 생각의 폭을 키우기에 좋은 자리다. 라이브 토론를 청취하거나 볼 때 핵심이 되는 내용을 10개 내외의 문장으로 정리하고, 이 문장에서 가장 중요하다고 생각하는 단어만 동그라미를 친다. 동그라미가 5개 정도만 남을 때까지 압축하고 이후 이 단어를 이용해 문장 하나를 완성한다. 이렇게 요약된 한 문장에는 토론에서 나온 주요 시사점을 응축시켜 내 생각을 또렷하게 정리하게 도와준다. 일례로 블록체인 도입의 핵심은 분산원장에 무슨 데이터를 기록할 것인지에 의해 결정된다. 그리고 암호화폐는 블록체인으로 만든 킬러앱 중 하나일 뿐이다. NFT는 소유권과 사용권을 공증한 계약서와 거래 내역이 함께 기록된 신개념의 화폐이다. 이렇게 핵심 요약문으로 정리하면, 기술의 본질에 좀 더 다가가게 된다.

다양한 관점 이해하기

다양한 견해를 파악하는 것은 생각의 스펙트럼이 다양하구나 정도로만 인식되어서는 안 된다. 이를 바탕으로 나만의 관점을 정리할 수 있어야 의미가 생긴다. 먼저 일반 사람들의 생각을 분류해보자. 기술에 대해 긍정적이냐 부정적이냐 정도가 아니라 더 세분화해야 한다. 기술 수준, 활용처의 다양성, 사업성, 사용자의 만족도, 시장 보급의 속도, 시장 채택의 한계성, 도입 이후 양산의 속도 등. 우리가 먹는 음식도 한 번 생각해 보자. 지역별 기준으로 보면 한식, 양식, 일식, 중식 등으로 구분되고, 가공 방식에 따라서 그리고 조리 방법에 따라, 원재료 종류에 따라서도 다양하게 분류할 수 있다. 혹자는 맛에 따라 짠 음식, 단 음식, 매운 음식 등으로 구분하기도 한다. 제철 재료에 따라 월별 음식으로 분류하기도 한다. 음식을 서너 가지가 아니라 수십 가지로 분류할 수 있다는 것은 음식에 대한 전문 지식의 많고 적음이 아니라, 얼마나 다양한 관점에서 음식을 해석하느냐에 달려있다. IT 트렌드 역시도 다양한 관점과 분류를 하고서 이렇게 저렇게 나눠보는 과정을 거치는 것이 중요하다. 그런 다음 어떤 규칙이나 차이점이 보이는지 살펴야 한다. 위아래, 좌우를 동시에 입체적으로 보는 것이 융합의 관점이다.

　전기차가 처음 등장하고 테슬라가 자율주행이라는 키워드로 차량의 디지털화에 박차를 가할 때 얼마나 많은 시각이 있었겠는가. 차량 전문가, 배터리 전문가, AI 전문가, 모빌리티 전문가 견해가 다르고 택시 운전사, 트럭 운전사, 중고차 매입상, 차량 보험사 직원, 차량을 보유하고 있지 않은 20대, 자동차를 좋아하는 10대 아이, 차량 수집이 취미인 사람 등 일반인들도 각자의 입장에서 자율주행차를 바라보았다. 이뿐만이 아니다. 자율주행 기술이 다른 산업에 어떤 영향을 주는지도 살펴 보아야 한다. 일반 도로 대신 고속도로나 버스 전용차선에서 자율주행 기술이 적용된다고 했을 때 고속버스나 물류 트럭에는 어떤 영향을 주는지, 도로가 아닌 밭이나 과수원이나 골프장에서는 어떤 파급력을 주는지 그리고 운전을 하지 않는 동안 운전자는 그 시간을 어떻게 쓰는지, 이 모두 자율주행 기술이 제공하는 새로운 관점이다. 그리고 내가 하는 일, 내가 지금 하고 있는 사업은 자율주행과 어떤 연관성이 있는지도 따져보아야 한다. 예를 들어, 콘텐츠 기획자라면 자율주행 차량에 탑승해서 운전자는 무엇을 할까? 어떤 콘텐츠를 소비할까? 차량 내 한정된 공간에 특화된 콘텐츠가 존재할 수 있을까? 를 고민해야 한다.

그동안 내가 했던 경험을 주변의 전문가나 관련 사업을 하는 사람들과 나누면서 지식이 더 깊어 졌고 혜안도 얻게 되었음을 알게 되었다. 사실 관심을 갖게 되면 누가 시키지 않아도 해당 분야에 대해 더 많이 들여다보고 생각하기 마련이다. 그러다

보면 내가 가진 생각을 남들에게 말하고 싶고, 슬쩍 내 생각을 인정받고 싶을 때도 많다. 그럴 때 통상 SNS 등으로 글을 올려보면 내 글에 달리는 댓글을 통해 다른 사람의 생각을 청취할 수 있다. 동의도 있겠지만 다른 의견이 있다면, 왜 그렇게 생각하는지 묻고 내 생각에 오류가 있는지도 살펴본다.

나는 대기업에서 IT 관련 사업(사물 인터넷 등)을 해본 이후 공급자가 아니라 사용자로서 시장을 냉정하게 보게 되었고, 연구자로서 시장의 변화를 경험했다. 확실히 내가 어떤 관점으로 보느냐도 경험의 범위에 따라 달라진다는 것을 알게 되었다. 공급자 시각에서는 비즈니스 모델과 기술 차별화 관점에서 상품 기획과 시장을 진단했지만, 사용자 시각에서는 다양한 종류의 사물 인터넷 기기를 상호 연동하고 이를 앱을 통해 편리하게 쓸 수 있느냐 그렇지 않느냐를 보게 되었다. 그리고 연구자 시각에서는 기기간 호환과 어떤 기업이 프로토콜을 주도하고 플랫폼을 주도하는지, 지금이 아닌 내년 그리고 내후년에는 시장이 어떻게 바뀔지를 분석하게 되었다.

이처럼 다양한 시각에서 기술을 들여다보는 것은 중요하다. 여러 IT 고수들을 팔로워하고 그들의 의견을 좇고 라이브 토론을 보는 것도 다양한 시선에서 여러 이슈를 보자는 의미가 있다. 전문가 한 사람에게만 의존하는 것이 아니라 여러 사람의 얘기를 종합하면서 나의 지혜를 두텁게 하는 방법이다.

정보와 지식 그리고 지혜 구분하기

전문가의 말을 해석할 때는 정보인지 지식인지를 구분해서 내용 이해를 한다. 정보는 사실을 말하고 지식은 주관적인 의견을 뜻한다. 다음을 한 번 살펴보자. 한 전문가가 총 네 개의 주장을 했다.

A) 스타벅스는 오딧세이라는 프로젝트로 스타벅스 앱 내에서 디지털 굿즈를 NFT로 거래하는 계획을 갖고 있다.

B) NFT 활용은 강력한 팬심을 가진 브랜드나 IP(지적 재산권)를 가진 콘텐츠 업체 그리고 멤버십 관리를 필요로 하는 전통 기업으로 확대될 것이다.

C) NFT는 디지털 예술 작품 거래에 국한되어 사용되는 것을 넘어 회원 관리(멤버십 혜택 부여와 사용자간 멤버십 거래)도 할 수 있도록 도와줄 것이다.

D) NFT 소유자는 SNS에 이를 자랑할 것이고, 기업은 바이럴 마케팅 수단으로 이를 활용할 것이다.

A, B, C, D 총 네 가지 주장을 정리해보았는데, 이중 어떤 것이 정보이고 지식일까? 결론부터 얘기하면 A는 사실에 입각한 정보이고 B, C, D는 전문가 의견이다. 그런데 D는 지식을 넘어

NFT가 새로운 고객 관리의 수단이 될 수 있음을 전망한 지혜라 볼 수 있다. 물론 이 네 가지 주장을 100% 신뢰할 수 있는 것은 아니다. A는 관련 보도 자료나 기사들을 찾아서 사실 여부를 확인해야 한다. 그리고 B, C, D는 보는 전문가들에 따라 다른 견해를 갖고 있을 수도 있다.

정리해보자. 똑같은 팩트 즉, 정보를 보더라도 각자가 가진 경험과 역량에 따라 해석은 얼마든지 달라진다. 해석이 다르면 서로 수용하게 되는 지식 또한 달라진다. 아마존 알렉사와 네이버 클로바의 AI 사업의 축소라는 정보를 보고 각 분야별 전문가들은 각자 다르게 해석하고, AI의 전망에 대해서도 다른 시사점을 내놓는다. 1세대 AI 어시스턴트의 몰락으로 해석하는 전문가도 있고, 프론트 AI(일반 대중 대상의 AI 서비스) 시장이 스마트 스피커를 넘어 다변화되며 효율화 되는 계기가 마련되었다고 전망하는 전문가도 있다. 이처럼 다양한 해석을 만나게 되면 내 지식은 더욱 두터워진다. 그리고 여러 견해를 듣다 보면 수용과 반론의 과정을 거치게 되면서 처음에 가졌던 내 생각도 돌아보게 되고 그러면서 점점 내 입장도 정리된다. 이 같은 과정의 반복으로 지혜가 만들어진다. 지혜는 좀 더 무르익어 통찰력(인사이트)이 되고, 이는 곧 미래(트렌드)를 전망하는 힘이 된다.

6. 스크린 속 미래 사회, 구현 가능성을 찾는다

가장 현실적으로 미래의 모습을 참고할 수 있는 것이 SF 영화, 드라마다. 꼭 SF 장르가 아니더라도 십 년 뒤를 그리고 있는 영화나 드라마가 있다면 꼭 챙겨보자. 스크린 위의 미래 사회를 보며 진짜 현실이 되는 데 필요한 IT 기술은 무엇인지 상상해보자.

공각기동대, 매트릭스, HER, 웨스트월드, 블랙미러 등은 SF 영화/드라마다. 모두 미래 사회에 있을 법한 문제나 인류의 미래 라이프, 지구의 재앙 등을 다룬다. 그래서 이들 작품을 보게 되면 기술이 고도화되면서 어떤 사회적 문제가 발생하고 어떤 혜안을 갖고서 이 문제를 풀 수 있는지 생각하도록 도와준다. 또 현재의 기술 수준을 다시 돌아보고 왜 영화에서 말하는 것처럼 작동하지 않는지, 한계는 무엇인지도 진단해 볼 수 있게 한다. 더 나아가 한계를 극복하려면 어떤 과제가 추가로 필요한지도 생각하도록 도와준다.

상상은 곧 현실

기술은 그냥 만들어지지 않고 필요에 의해 창조된다. 필요는 불현듯 아이디어가 떠올라 연구실에서 만들어지는 것이 아니라, 인류의 꿈을 실현하기 위한 희망에서 시작된다. 그런데 공상과학 소설이나 만화, 영화를 보게 되면 인류가 꿈꾸는 미래 사회의 모습도 그려지지만 디스토피아의 암울한 세상도 나온다. 사실 어떤 사회가 펼쳐질지는 아무도 모른다. 하지만 소설이나 만화, 영화 같은 작품을 보면 약간의 힌트를 얻을 수 있다. 어떤 기술이 있어야 영화 속 이야기가 현실이 될까 생각해보는 것만으로도 다음 트렌드를 고민해보는 좋은 소스 역할을 한다. 그래서 조금은 주의 깊게 영화를 보면 좋다.

영화 HER에는 아내와 별거 중인 외로운 주인공 남성이 사만

영화 HER

다라는 인공지능과 대화를 나누며 위로를 받는 장면이 나온다. AI 사만다 역시 처음에는 기계적으로 대하는 태도를 보이다 점차 남성 주인공에 애정을 느낀다. 그러다 급기야 사랑에 빠진다. 주인공이 AI와 사랑에 빠질 정도가 된 데에는 수천만 명과 대화를 나누면서 쌓은 데이터가 AI를 마치 살아있는 인간처럼 느끼도록 했기 때문이다. 즉, 사만다는 주인공 남성뿐만이 아니라 수많은 다른 남성과도 대화를 나누며 사랑을 하는 게 가능했다. 한마디로 만인의 연인이었다.

이미 AI는 영화 HER와 같은 세상을 꿈꾸며 발전하고 있다. 2020년말 한국의 한 스타트업이 출시한 이루다라는 서비스는

이루다

MZ세대의 엄청난 열광을 이끌었다. 20대 여성의 페르소나인 이루다는 기존의 AI처럼 기계적 답변이나 특정 명령을 수행하는 정도가 아니라 대화를 나눌 정도로 수준이 높고, 특별한 목적 없이도 사용자에게 위로를 전하고 친밀감 형성이 가능하다는 특징을 갖고 있다. 미국의 리플리카는 이루다와 비슷한 서비스인데 친구, 연인, 선배 등의 페르소나를 내가 선택할 수 있다. 그리고 SKT의 에이닷 서비스는 3D 캐릭터가 있어서 다양한 제스처를 선보이며 음성 대화도 가능하다. 이처럼 AI는 영화 속 이야기만큼 계속해서 진화하고 있다.

영화에서 보는 AI는 진짜 사람과 같은 신체를 가지고서 현실에서 인간처럼 행동한다. 또는 그 반대로 가상의 세계를 진짜 현

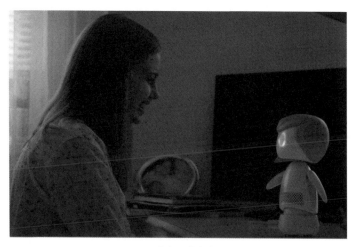

드라마 블랙미러

실처럼 느끼며 산다. 넷플릭스의 SF드라마 블랙미러의 시즌5 중 3화 '레이첼, 잭, 애슐리'편에서는 아이돌 가수 애슐리O가 AI 애슐리TOO라는 작은 로봇 인형을 만들어 판매하고 주인공 레이첼이 이를 사서 학교에서 인기 아이가 된다는 이야기가 나온다. 드라마를 보게 되면 애슐리TOO는 위로의 수준을 넘어 학교에서 인기를 얻으려면 어떻게 해야 하는지, 옷은 어떻게 입고 화장은 어떻게 하면 좋은지, 레이첼에게 조언하는 장면이 나온다. 그리고 학교 장기 자랑에서 애슐리O의 노래와 춤을 배워 참가할 수 있도록 가르쳐주기도 한다. 하지만 실제 애슐리O의 삶이 가상 세계와 달리 무척 힘들고 우울하다는 것을 알고, 레이첼이 애슐리O를 돕는다. 드라마지만 중간중간 구현되는 애슐리TOO의 모습을 보면 앞으로 AI 기술이 어떤 식으로 발전되고 활용될지 그리고 AR, VR 및 로봇 기술, 무선센서네트워크 기술이 우리 꿈을 어떻게 실현하도록 도와줄지 많은 힌트를 얻을 수 있다.

핵심은 기술이 아닌 우리의 바램

이사한 집에서 가장 필요로 하는 도구가 망치와 못이다. 벽여기저기 액자나 시계, 그림, 선반들을 걸기 위해서는 꼭 필요한 도구다. 그런데 망치와 못도 가만 보면 오랜 시간 동안 발전에 발전을 거듭해 왔다. 벽에 구멍을 뚫지 않고 액자를 걸게 하거나, 권총처럼 생긴 도구를 이용해 한 번에 못을 쉽게 박도록 하거나, 벽면이 약해도 무거운 액자를 단단하게 지지할 수 있는 앵커나 단단한 시멘트 벽을 뚫을 때 사용하는 전동 해머드릴까지 다양한 기술로 좀 더 편리하게 벽에 물건을 붙이거나 걸 수 있게 도와준다.

그런데 트렌드 읽기를 위해서는 발전을 거듭하는 도구를 사용할 줄 아는 것보다 못을 박아야 하는 상황이 어떻게 변해왔는지를 아는 것이 더 중요하다. 즉, 못의 용도가 어떻게 바뀌어 왔는지, 벽에 걸리는 것이 어떻게 바뀌어 왔는지 아는 것이 더 중요하다는 뜻이다. 벽에 물건을 붙인다는 과정(기술)은 동일하지만 목적과 결과물은 다르다. 이처럼 영화를 보면서도 해당 기술이 무엇이고, 왜 필요한지 살피는 것이 일차적으로 중요하다. 이는 기술의 전후 과정을 이해하는 것과도 같다. 기술에 대한 종합적인 이해력이 바탕이 될 때 다음 기술의 출현 시기, 소멸 시기도 예측할 수 있고 사람들에게 어떤 용도로 사용될지 그래서 인기를 얻을지 말지도 알 수 있다.

나는 영화를 보면서 영상 속 내용이 실제로 구현되려면 어떤 기술이 사용될지 실제로 비교하는 생각을 자주한다. 아마존 프라임에 있는 업로드라는 드라마에는 죽음 직전에까지 이른 사람이 더 이상 현실에서는 살아갈 수 없음을 깨닫고 그대로 뇌까지

죽는 것을 선택할지, 가상 공간(메타버스)에 뇌를 업로드하고 신체는 없어지지만 그곳에서 살아는 것을 선택할 지 고민하는 장면이 나온다. 그리고 가상 환경이지만 돈을 많이 내면 좋은 호텔에서 좋은 음식을 먹고 일상의 경험을 그대로 하고, 돈을 내지 못하면 느려진 인터넷처럼 디지털 정보가 끊기는 일이 자주 발생하는 곳이나 호텔이 아닌 지하 감옥에 갇혀 아무것도 하지 못하는 장면이나온다. 죽은 사람과 산 사람이 함께 만나는 환경이 구현되기도 하고(가상에서 가족을 만나는), 멈춰진 공간에 갇혀 꼼짝도 하지 못하는 상태가 이어지기도 한다.

이런 일이 현실에서 실제로 일어나려면 어떻게 해야 할까? 뇌의 모든 신호를 디지털화해서 시스템에 올려 둘 수 있어야 하고, 무엇보다 메타버스를 실제 현실처럼 구현할 수 있는 고도의 3D 그래픽 처리 기술이 필요하다. 또 현실에 있는 사람들이 가상 공간에 연결되어 실제처럼 느낄 수 있도록 하는 실감형 기술도 필요하다. 시각, 청각, 촉각 등의 감각이 디지털 신호로 구현되어 송신되어야 하고 이를 실제 감각처럼 느낄 수 있는 센서 기술 또한 필요하다. 그리고 엄청난 규모의 네트워크 트래픽을 처리할 기술도 필요하다. 실제로 이런 환경이 구현된다면, 사람들은 어디 가지 않고 집에 머무는 시간을 늘리고, 집에서 편안하게 가상 세계로 들어갈 수 있는 장비 등을 구입할 것이다.

이런 상상을 꼬리에 꼬리를 물듯 하나씩 해보는 것이 지금의 IT 트렌드 읽기는 물론이고, 앞으로 다가올 IT 트렌드를 예측하는 한 방법이 된다.

정리해보자. 미래 사회를 다루는 영화나 드라마를 보게 되면 앞으로 다가올 세상의 모습을 구체적으로 엿볼 수 있다. 영화 속 세상이 실제가 되려면 어떤 기술이 필요한지 유추해보면서 앞으로 떠오를 IT 트렌드를 생각해보고, 기술의 진보가 가져올 사회의 변화상도 함께 고민해본다. 영화나 드라마는 현실과 상상이 융합되면서 미래 사회를 구체적으로 그리고 그 속에 살고 있는 사람과 사람, 사람과 기계의 관계를 구체적으로 보여준다. 그래서 어떤 미래 보고서보다도 현실적으로 IT 트렌드를 읽을 수 있게 도와준다.

7. 전문가 커뮤니티의 댓글을 체크한다

트렌드에 가장 빠른 사람(얼리어답터나 마니아)이 모여 있는 공간
이 커뮤니티다. 커뮤니티에 지금 어떤 IT 이슈가 있고, 이에 대해 어
떤 견해를 갖고 있는지 파악하면 좀 더 빠른 감각을 가진 사람들의
시선을 읽을 수 있다.

피상적으로 아는 것과 내막을 제대로 아는 것은 다르다. 수박 겉
핥기를 하는 것과 씨까지 제대로 발라내 먹는 것 역시 다르다. IT
트렌드를 넓고 깊게 이해하려면 커뮤니티의 힘을 빌릴 필요가
있는데, 이는 씨까지 제대로 발라서 먹는 것과 같다.

　분야별 커뮤니티에 가면 관련 분야에 대해 평소 관심을 갖는
사람부터 해당 분야의 종사자 그리고 전문가에 이르기까지 다양
한 견해를 가진 마니아를 볼 수 있다. 커뮤니티는 네이버나 다음
에서 볼 수 있는 카페도 있고, 별도의 전문 커뮤니티 사이트(디씨
인사이드, OKKY, 클리앙 등)도 있다. 요즘은 페이스북의 그룹이나 밴
드 등도 커뮤니티 역할을 한다. 그리고 최근에는 채팅방(카카오톡
오픈채팅방, 텔레그램 채팅방)으로도 실시간 정보들이 빠르게 이동한
다. 커뮤니티라고 말하기는 어렵지만 개인(전문가) SNS도 커뮤니

티 수준으로 활성화된 곳이 많다. 이런 커뮤니티에서는 전문가와 직접적인 소통은 물론이고, 댓글로 다른 사람과 의견 교환도 가능하다.

전문가 커뮤니티

애플이 자동차를 만들고 테슬라가 스마트폰을 만들면 어떻게 될까? 이미 아마존은 스마트폰과 태블릿 그리고 가정용 로봇까지 만들어서 판매하고 있다. 이처럼 생각하지도 않았던 의외의 소식은 기업의 보도자료나 뉴스 기사, SNS를 통해서 폭발력있게 퍼져 나간다. 그런데 중요한 것은 이에 대한 해석이다. 평소 이 분야를 즐기고 이야기하는 사용자들이 모여 있는 커뮤니티는 이를 어떻게 해석할까? 애플빠들이 모여 있는 곳에서는 애플카에 대해 어떻게 얘기할까? 테슬라 마니아들은 테슬라의 신제품 '썰'에 대해 어떻게 얘기할까?

커뮤니티를 통해 파악하는 것은 두 가지다. 첫 번째는 여러 곳에 출처를 둔 각종 '카더라' 소식부터 각종 자료들이다. 트렌드를 정확히 읽으려면 일단 다양한 뜬소문을 수집하는 것에서부터 출발해야 한다. 소문은 많을수록 좋다. 가급적이면 소문의 출처가 확실하고 사실 가능성이 높아야 한다. 두 번째는 수집된 자료를 모아 퍼즐을 맞추는 것이다. 사실에 근거하지 않은 소문은 잘

못되거나 서로 반대되는 내용을 담고 있기도 하다. 그래서 퍼즐을 맞춰보면서 무슨 그림이 나오는지 잘못된 조각은 무엇인지 파악해야 한다. 즉, 다소 황당하거나 근거가 모호하고 비논리적인 것들을 솎아내야 한다. 솎아낼 때는 글 쓴 사람이 그동안 올렸던 글을 보면서 신뢰성 여부를 판단한다.

이런 식으로 넣고 빼고를 해서 퍼즐을 완성하면 트렌드를 보는 시선 하나가 만들어진다. 퍼즐은 당연히 하나가 아니라 여러 개가 존재할 수 있다. 트렌드 역시 다양한 시나리오가 있을 수 있고, 이중 무엇이 맞을지는 시장이 결정한다. 그러므로 커뮤니티의 여러 전문가 의견을 바탕으로 최대한 다양한 시나리오를 써보는 것이 핵심이다. 애플이 누구와 무슨 기술을 갖고 애플카를 만들지, 그게 아니면 독자적으로 애플카를 생산할지, 혹은 자동차가 아닌 카플레이 기반으로 여러 자동차 회사에 차량 OS나 어플리케이션을 제공 할지 등의 다양한 시나리오를 써 볼 수 있다. 그리고 시나리오가 현실화될 때 경쟁사와 사용자의 반응은 어떨지도 예측해야 한다. 이런 생각을 하다 보면 자연스레 무엇이 가장 실제로 벌어질 법한 앞으로의 트렌드가 될지 읽을 수 있다. 정리하면, 여러 정보를 가져다 놓고 각각의 가능성(시나리오)을 나열하고 무엇이 현실에 가까운지 파악하는 방식이다.

시장 반응 살피기

트렌드의 시작은 커뮤니티이고, 만들어지는 곳은 유튜브며, 이후 확대되는 곳은 SNS이다. 내가 생각하는 이슈가 만들어지는 경로다. 사용자들이 선택하지 않으면 트렌드가 되지 않는다. 트렌드 전망에서 중요한 것은 기술 자체보다 기술로 구현된 서비스를 이용하는 사용자의 의견이다. 그래서 사용자의 반응을 살피는 것은 전문가 의견을 청취하는 것 이상으로 중요하다. 이를 위해서는 사용자가 남긴 댓글도 잊지 않고 확인해야 한다. 주요 기술을 어떻게 받아들이고 해석하는지, 어떤 문제를 제기하는지, 해당 기술이 실제 적용될 때 어떤 이슈가 있고, 어떤 호평이 있는지, 고루고루 살필 수 있어야 한다. 이런 것을 살펴보기에는 댓글이 가장 좋다. 알다시피 눈치 보지 않고, 사실에 가까운 의견을 적나라하게 말할 수 있는 공간이 댓글 창이다.

그리고 한 가지 더 추가하자면 구글 트렌드 검색(trends.google.co.kr)을 이용해 특정 키워드의 전 세계 사용자 반응을 살피는 것도 중요하다. 이슈가 되는 키워드가 실제로 얼마나 많이 검색되는지, 최근 검색 횟수는 어떻게 되는지, 국가별로 어떤 차이가 있는지, 관련 검색어는 무엇이 있는지 등을 살펴보게 되면 글로벌 시각에서 트렌드를 엿볼 수 있다.

정리해보자. 커뮤니티는 특정 목적을 가진 혹은 일정 수준을 가진 여러 사람이 모여 있는 공간이다. 트렌드 읽기와 관련한 커뮤니티도 있고, IT 기술에 특화된 커뮤니티도 있다. 혹은 IT와는 상관없는 커뮤니티도 있다. 일단은 IT와 관련한 커뮤니티부터 이곳에서 어떤 이야기들이 오가고, 어떤 댓글들이 있는지부터 살펴보자. 커뮤니티라는 특성상 누구보다 빠르게 그리고 전문적으로 댓글 의견이 가세될 것이다. 그리고 여유가 된다면 다른 주제의 커뮤니티를 참고해도 좋다. 이렇게 IT와 비 IT를 넘나들며 커뮤니티의 여론 흐름을 보게 되면, 이들로부터 시작되는 트렌드가 무엇이 될지 가능성을 점쳐 볼 수 있다.

지금까지(1부에서) 일상에서 트렌드를 읽는 방법을 다루어 보았다. 한마디로 요약해 정보가 들어오는 모든 채널을 열고 정보를 입수하고 모르는 내용은 재빨리 찾아보는, 더듬이를 만들고 키우는 방법이다. 그래서 일상에서의 트렌드 읽기는 관찰과 이에 대한 끊임없는 해석이라고 할 수 있다.

1년, 3년, 5년, 10년 이후의 세상을 정확하게 예측할 수 있는 사람은 없다. 또 예측이 맞다 하더라도 전망한 내용 일부가 맞는 것일 뿐 전체를 맞춘다고 말하기도 어렵다. 트렌드는 예측하는 것보다 해석하는 것이 더 중요하다. 트렌드가 많은 사람들로부터 공인되는 순간 난 무엇을 할지, 이 트렌드를 어떻게 써먹을지 생각하는 것이다. 그러려면 내 생각과 논리 그리고 대처 방안을 갈고 닦는 과정이 필요하다. 내 생각을 다듬고, 나만의 논리를 만들고, 의견으로 개진하고 반응을 살피는 것은 타인의 전망을 듣는 것보다도 중요하다. 어쩌면 이게 더 나은 트렌드 읽기가 될 수도 있다. 이는 가설을 쓰고 가설을 검정 받는 사업 계획서 쓰기와도 같다.

이제 본격적으로 내가 하는 일과 비즈니스에서 트렌드를 구체화하고, 이를 비즈니스 모델로 변환시키는 작업을 해보자. 일상에서 트렌드를 찾고 읽었으니 이제 본격적으로 비즈니스 현장인 시장에서 트렌드를 읽을 타이밍이다.

2부

시장/
기업에서
IT 트렌드 읽기

8. 유명 스타트업의 행보와 목소리에 집중한다

이제 막 성장하기 시작한 스타트업은 두려울 게 없다. 그래서 이들은 누구보다 지금의 트렌드를 잘 설명한다. 그리고 자신이 그 중심에 있다고 말한다. 즉, 이들의 목소리를 잘 청취하고 쫓는 것만으로도 주목할 트렌드 읽기가 가능하다.

트렌드가 거대 패러다임으로 전환될 때, 기존의 큰 기업이 주도하기보다 작은 스타트업에서 시작되는 경우가 많다. 빅테크 기업은 기존 사업을 우선하다 보니 새로운 혁신에 나서기를 주저한다(물론 그렇지 않은 기업도 있다). 한마디로 카니발라이제이션(제 살 깎아 먹기)을 우려해 기존의 트렌드를 와해시키며 지각 변동을 만드는 데에는 소극적이다. 반면 스타트업은 여기저기 눈치 볼 이유가 없기 때문에 무모할 만큼 도전적이고 호전적이다. 그래서 스타트업의 적극성은 빠른 시간 내에 새로운 유행을 만들고, 다른 스타트업을 끌어들이고 관망만 하고 있던 대기업까지 불러들이는 트렌드 산파의 역할을 한다.

스타트업이 바로미터로

패러다임 수준으로 시장에서 커다란 반향을 만들어낸 배달의 민족, 마켓컬리, 당근마켓 등도 가만히 생각해보면 불과 몇 년 전까지만 해도 작은 스타트업에 불과했다. 그런데 지금은 전국민이 쓰는 서비스를 운영하는 유니콘 기업으로 성장했다. 과연 누가 이를 정확히 예측할 수 있었을까? 트렌드 읽기를 미래 예측, 전망이라고 말하기 어려운 이유가 이 때문이다.

그렇다면 급성장하는 스타트업은 어떻게 발견할 수 있을까? 앞서 인터넷 지표를 확인할 수 있다고 했던 트래픽 분석 서비스(코리안 클릭, 랭키닷컴)를 이용해서 살펴보는 수밖에 없다. 분기별로 큰 폭의 성장률을 보이는 서비스를 골라내고, 이들의 성장세를 추적하는 방법이다. 그런데 이런 분석 사이트에도 보이지 않는 기업이라면? 앱스토어나 구글 플레이 스토어에서 주간 베스트, 월간 베스트 등 가장 많은 다운로드와 추천을 받은 서비스를 살펴보면 된다. 인기 앱이 무엇인지, 사용자에게 어떤 평가를 받고 있는지, 지난달 혹은 분기 대비 눈에 띌 정도로 올라오는 앱이 있는지 등을 살펴보는 것이다. 그런데 이런 앱들을 하나씩 살피고, 추이를 기록하고 그러려면 사실 한도 끝도 없다. 그래서 직감에 의존하는 것이 중요하다. 직감은 한두 번 정도 본다고 해서 만들어지는 것은 아니고, 꾸준히 자주 들여다보는 과정에서 만들어진다. 마치 습관처럼 말이다.

그리고 급성장 스타트업을 눈여겨 볼 때 통계나 베스트 순위 등도 보아야 하지만, 또 하나 잊지 않고 챙겨야 하는 것은 그곳에서 일하고 있는 분들의 말이다. 인터뷰 기사나 콘퍼런스 혹은 세미나 등에서 발표한 내용이 여기에 해당한다. 언론이나 대중들로부터 주목받으며 성장하는 기업이다 보니 이들의 말에는 거침이 없고 그래서 꽤 많은 고급 정보가 포함되어 있다.

인수되는 기업 살피기

2012년, 창업한 지 16개월 직원 수 13명 사장 나이 26세 인스타그램이라는 미국의 작은 스타트업을 페이스북은 10억 달러를 주고 인수했다. 2019년 MS는 오픈AI라는 초거대 인공지능을 개발하는 기업에 10억 달러를 투자했다(2023년 1월 100억 달러를 추가 투자해 파트너십을 더욱 공고히 했다). 불과 7년밖에 안된 오픈AI는 무려 수백억 달러의 기업 가치를 평가받으며 2022년 하반기 인공지능 업계의 핫 이슈로 등장했다. 엔데믹(Endemic, 일상적인 풍토병이 된 감염병) 시대를 맞이해 모든 기업의 자금줄이 끊긴 와중에도 AI 관련 기업은 새로운 호황기를 맞이하고 있다. 텍스트 명령으로 이미지를 생성해주는 스타트업 스테빌리티AI는 1억 달러를 투자받았고, AI 관련 커뮤니티와 오픈 API를 제공하는 허깅페이스도 100만 달러 투자를 유치했다. 이처럼 돈이 어디로 흘러가고 투자되는지 보는 것도 트렌드 예측의 중요한 지도 역할을 한다.

포토샵 프로그램으로 누구나 잘 아는 소프트웨어 업체 어도비는 2022년 9월 피그마라는 회사를 무려 200억 달러에 인수했다. 마치 페이스북이 인스타그램을 인수한 것처럼 2012년 설립된 이 회사를 인수했다. 피그마는 디자이너들이 함께 협업할 수 있는 그래픽 편집 플랫폼 서비스를 제공한다. 이 서비스는 웹 브라우저 기반으로 운영되어, 웹을 통해 어떤 기기에서든 그래픽 편집 작업을 여러 디자이너와 공동으로 할 수 있도록 했다. 어도비에서 제공하는 프로그램보다 사용하기 쉽고 협업에도 수월해 디자이너들 사이에서 급속도로 퍼져 나갔다. 그리고 코로나19 사태가 터지면서 줌이나 구글독스가 널리 퍼진 것처럼 피그마도 비대면 환경에서 여러 사람으로부터 각광을 받았다. 페이스북의

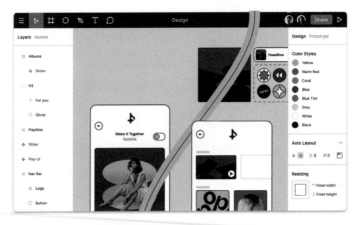

피그마

인스타그램 인수 배경에 미래의 경쟁자가 될지도 모른다는 불안감이 있었던 것처럼 어도비도 피그마를 비슷하게 본 것 같았다. 인스타그램은 사진 기반의 SNS 서비스 제공함으로써 페이스북과는 다른 트렌드를 만들어냈다. 현재는 페이스북(메타)의 캐시카우 역할을 톡톡히 해내고 있다. 피그마도 어쩌면 인스트그램이 그랬던 것처럼 어도비에게 새로운 기회를 안겨줄지 모른다.

로켓처럼 치고 올라오는 기업들은 인수와 투자로 늘 주목을 받는 뜨거운 감자가 된다. 그래서 이런 기업들이 나타나면 집중해서 들여다봐야 한다. 물론 투자를 받았다고 해서 100% 성공하는 것은 아니다. 투자자 입장에서 손해를 보는 일도 있다. 하지만 이들이 업계에 미치는 영향은 성공과 실패 여부를 떠나 상당하다. 그래서 동종 업계도 아니고 투자와 인수 뉴스가 나오는 별로 상관없어 보인다 하더라도, 주요 시장 플레이들의 변화가 무엇을 의미하는지는 냉철히 따져볼 필요가 있다.

트렌드를 앞서 나가며 사업을 하는 이들의 이야기는 직접 해보지 않고서 얻는 보석 같은 조언이다. 통상 대기업이나 이미 몸집이 커진 기업의 경우라면 무척 정제된 언어로 자신들의 이야기를 하겠지만, 스타트업은 급격하게 성장하는 중이고 적극적으로 외부에 자신들을 알려야 하기에 주력 사업이나 갖고 있는 핵심 기술에 대해서도 거리낌 없이 얘기한다. 그래서 이들의 이야기를 주목하다 보면 앞으로 떠오르게 될 여러 트렌드가 실마리처럼 보인다.

인수되는 기업과 인수하는 기업을 보게 되면 실제 무엇에 돈이 몰리고 그래서 앞으로 무엇이 주목받을지 가장 직접적으로 볼 수 있다. 바로미터 같은 역할을 한다고 볼 수도 있다. 그래서 우리 업이든 아니든 중요한 인수합병 사례는 눈여겨 볼 필요가 있다.

9. 인기 상품/서비스의 히트 원인을 탐색한다

핫 한 상품과 서비스를 탐색하고 이들의 비즈니스 모델을 파악한 다. 최근에는 상품과 서비스의 결합으로 인기를 얻는 사례도 많아 지고 있다. 히트 원인은 여러 가지로 분석될 수 있는 만큼 다양한 관 점이라는 것을 놓치지 말아야 한다.

IT 기술이 시장에서 최종적으로 선보이는 방식은 결국 상품을 통해서다. 많은 사용자에게 선택되고 사용되면 해당 상품에 쓰 인 기술은 트렌드가 된다. 그러므로 트렌드를 전망하려면 어떤 상품들이 뜨는지부터 살펴야 한다. 뜨는 상품을 알면 앞으로 트 렌드가 될 기술(혹은 디지털 이슈) 등도 전망할 수 있다. 그러면 어떤 상품이 핫 한 걸까? 이를 어떻게 확인할 수 있을까? 앞서도 얘기 했지만 쇼핑몰과 앱스토어(플레이스토어)를 체크하는 방법이 있다.

인기 상품이 된 이유

소셜 미디어와 커뮤니티 그리고 이커머스 덕분에 하루아침이 면 어제 뭐가 떴는지, 어떤 상품이 최근 핫한지 단숨에 알 수 있 는 세상이다. 모바일 앱스토어에 들어 가면 어떤 앱들이 일렬에

진열되어 있고, 그 중 어떤 앱이 가장 핫한 지도 금방 알 수 있다. 여기서 중요한 것은 실물 상품이든 혹은 앱 같은 소프트웨어든 아니면 NFT 같은 디지털 굿즈든 어떤 제품(혹은 서비스)이 어떤 이유로 사람들을 매료시키는가이다.

가장 먼저, 소셜 미디어에서 사람들이 무엇을 많이 추천하는지, 좋아요와 댓글이 많은 제품은 무엇인지부터 살펴본다. 그리고 해당 제품을 판매하고 있는 쇼핑몰로 가서 제조 회사를 확인하고 좀 더 세부적인 스펙도 체크한다. 그런 다음 보도 자료와 관련 기사도 살펴보고, 경영진이나 주요 개발자의 인터뷰가 있는지도 살펴본다. 그러면서 이 제품의 핵심 포인트가 무엇인지, 더불어 경쟁 상품에는 무엇이 있는지를 생각해본다.

유튜브 시장이 막 폭발적으로 성장하기 시작할 때 인기 유튜버들이 올린 영상에는 특정 회사의 촬영 장비와 마이크, 조명 장치 등이 직간접적으로 소개되었다. 인기 유튜버가 되고자 하는 사람은 영상을 보고서 기존 제품 대비 무엇이 다르고, 어떤 기능이 핵심이 되는 차별점이며 그것을 구현하기 위해 어떤 기술이 사용되는지 주목했다. 초기에는 제품 자체의 성능 즉, 화질이나 음질과 조도 등의 성능이 중요했지만, 점차 인터넷에 연결되고 제어 필요성이 커지면서부터는 컨트롤 하기가 편한 제품이 더 인기 제품이 되었다. 카메라 조명 장치나 컨트롤러가 블루투스나 WiFi로 연결되어 스마트폰이나 컴퓨터의 소프트웨어를 통해 쉽게 제어되느냐 그렇지 않느냐가 인기의 척도였다. 게다가 요즘은 AI 어시스턴트 라는 것도 있어 이것과 연동해두면 자동으로 장비들을 동작시킬 수 있는 기능으로도 발전되었다. 이런 변화를 볼 때 소프트웨어로 하드웨어를 관리하는 수요가 점점 커지고 있다는 트렌드를 확인할 수 있다. 그리고 AI 어시스턴트와 연동해서 사용하는 경험을 사용자들이 하고서부터는 프런트 AI의 사용성도 중요하다는 것을 깨닫기 시작했다. 앞으로 IoT 사물 인터넷 기술의 저변 확대와 프런트 AI를 활용한 기기간 연계는 더욱 확산되리라는 전망을 하는 이유가 이때문이다.

비즈니스 모델 파헤치기

기업은 기술 혁신으로 사용자를 만족시키고 비즈니스로 기업 이윤을 얻는다. 그래서 기술 혁신만으로는 성공이 담보되지 않는다. 사용자에게 새로운 경험과 가치를 제공할 수 있어야 이윤을 얻을 수 있다. 이 과정을 이해하기 위해서는 비즈니스 모델 피악이 중요하다. 그런데 기술은 공개된 자료도 많고 기업도 적극적으로 자신의 기술력을 알리려고 하지만 비즈니스 모델은 잘 드러내지 않는다.

동영상이나 사진 편집 같은 컴퓨팅 작업이 많은 사용자에게 도움을 주는 멀티미디어 컨트롤러 제작 업체 중 엘가토라는 회사의 스트림덱이라는 제품이 있다. 이 제품은 자주 사용하는 단축키를 LCD 버튼에 지정해 사용할 수 있도록 해준다. 컨트롤러 하드웨어를 판매해서 돈을 버는 전형적인 제조업 기반의 회사이지만, 이 스트림덱을 편리하게 사용하려면 스트림덱 스토어에서 미리 정리해둔 단축키를 다운받는 것이 좋다. 즉, 하드웨어만 팔고 끝나는 것이 아니라 이를 유용하게 사용할 수 있도록 소프트웨어(앱)까지 사용자에게 제공한다. 소프트웨어는 무료지만 이 덕분에 하드웨어 판매량은 더욱 늘어나고 다른 스마트폰 앱처럼 부분 유료화나 기업 광고 등의 마케팅 비즈니스 기회도 만들 수 있다. 즉, 하드웨어는 물론이고 소프트웨어를 통한 유료, 구독, 마케팅 등 다양한 방식으로 비즈니스 구사가 가능하다.

사실 이는 작은 중소 제조업체뿐만 아니라 대기업도 활발하게 활용하는 방식이다. 삼성전자의 비스포크 큐커 오븐은 스마트싱스라는 앱을 이용해 구독 비즈니스를 운영한다. 삼성전자는 주요 식품업체들과 손잡고 밀키트 가정 간편식을 비스포크 큐커에서 쉽게 조리할 수 있도록 제휴하고 관련 레시피를 앱으로 제공한다. 2년 사용 약정을 하게 되면 매월 3만 9천 원으로 간편식도 제공받고 오븐은 공짜로도 이용할 수 있다(2022년 기준). 이처럼 비즈니스 트렌드 역시 시기별 흐름이 있다. 이제는 상품을 만드는 것보다 만들어진 상품으로 어떻게 돈을 버느냐를 더 중요하게 본다. 그래서 누구에게 언제 무엇을 팔아 돈을 받을지, 어떤 기술이 활용되는지 살피는 것이 기본적인 체크 포인트다.

과거에는 실행하기 어렵다고 생각하던 비즈니스도 이제는 기술 덕분에 쉽게 구현이 가능한 세상이다. 스마트폰이 등장하기 전만 해도 포인트를 활용한 멤버십 프로그램 운영이 OK캐시백과 같은 사업자가 아니면 어려웠지만, 이제는 앱 하나만 만들면 커피숍도 직접 독자적인 포인트 제도를 비즈니스화해서 운영할 수 있다. 여기에 클라우드와 데이터 분석 기술을 일부 넣게 되면 상품 추천이나 고객 관리 등이 보다 정교해질 수도 있고, 구독 비즈니스도 얼마든지 가능하다.

관점을 구분해서 읽기

같은 사실을 보더라도 사람에 따라 해석은 얼마든지 다르다. 서로 다른 해석을 두고 누군가는 맞다고 하고 누군가는 틀리다고 말한다. 그런데 해석의 맞고 틀리고를 지금 알기는 어렵다. 앞으로의 시간만이 답을 알고 있다. 그러므로 지금은 옳고 그름을 따질 필요가 없다. 중요한 것은 어떤 관점으로 해석하고 이해하고 진단할 것인가이다.

쿠팡은 지마켓, 11번가 등 기존의 이커머스 회사와 어떤 차별화된 기술로 혁신하는지, 성과는 앞으로 어떻게 낼지, 이를 어떤 관점으로 보느냐가 중요하다. 혹자는 쿠팡이 사용자에게 기존 이커머스 사업자들이 주지 못한 로켓배송이라는 빠른 배송 서비스를 제공함으로써 차별화된 가치를 만드는 것에 성공했다고 평가한다. 아마존의 풀필먼트(물류 전 과정을 대행하는) 사업을 참고했고, 로켓 배송을 하려고 수요 예측과 배송 루트 등을 최적화하는 빅데이터와 AI 기술을 활용했다는 점도 그렇다. 또 다른 관점으로는 상품 추천 로직을 기존 온라인 쇼핑과 차별화했다는 것도 있다. 첫 화면의 상품 추천 리스트를 통한 수익과 광고로 노출된 상품 판매 수익을 비교했을 때, 상품 판매 수수료와 광고 수수료 두 가지 중 무엇이 더 나은지 보는 관점도 있다. 그 외에도 쿠팡이 배송 특화라는 강점을 이용해 로켓와우 멤버십이나 음식배달 서비스인 쿠팡이츠 등의 비즈니스 다각화가 더 큰 시사점이라고 보는 관점도 있다. 이처럼 같은 인터넷 비즈니스를 놓고도 다양한 시선으로 비교 분석이 가능하다. 이때 어떤 관점이냐에 따라 트렌드 해석은 달라지게 된다.

2022년 10월 15일 SK C&C 판교 IDC 센터의 화재로 카카오 서비스 전반에 장애가 발생했다. 이를 살펴보는 관점 또한 전문가들마다 다양했다. DR(Disaster Recovery) 즉, 재해복구 관점에서 인프라 이중화를 제대로 하지 못한 시스템적인 문제를 지적

한 전문가가 있는가 하면, 또 다른 전문가는 카카오가 전기나 통신처럼 중요한 기관망의 역할을 한다고 보고 그것에 문제가 생겼을 때 어떤 일이 발생하는지 중요하게 봐야 한다고 말하는 전문가도 있었다. 사고 이후 후속 조치에 대해서도 장애로 인한 손해 배상, 그리고 관련한 법적 조치와 재발 방지를 말하는 사람이 있는가 하면, 카카오의 책임 소재를 강조하는 사람도 있었다. 또 누군가는 재해 발생으로 IT 시스템 장애에 대한 대책과 솔루션에 대한 사회 전반적인 인식 재고를 주장하기도 했다. 이처럼 하나의 사건을 두고서도 각자의 생각과 위치에 따라 다양한 해석이 이뤄진다. 이는 각각의 트렌드로 발전할 수도 있고, 혹은 어느 하나의 트렌드로 귀결될 수도 있다.

정리해보자. 일단은 뜨는 무엇이 있다면, 각각의 관점을 리스트 업 하는 일부터 우선적으로 해야 한다. 통상 여러 언론이나 미디어에서 한두 가지로 히트 요인을 분석하기도 하지만, 사업하는 입장이라면 그것보다 몇 배 이상의 관점으로 히트 상품1에 대해 견해 1,2,3,4… 식으로 리스트업 하는 게 중요하다. 관점 정리가 끝났다면 이를 바탕으로 내 입장 정리를 해야 한다. 이때 나는 히트 상품에서 무엇을 배워 우리 사업에 활용할 것인지 뚜렷하게 말할 수 있어야 한다. 여기까지 생각이 확장되어야 트렌드 읽기가 완성된다.

10. 시장/사용자 리서치를 실시한다

사용자는 가족, 친구에서부터 실제 우리 제품을 사용하는 고객까지이다. 사용자 리서치를 할 때는 "어떻게 생각하십니까?"가 아니라 "어떻게 행동하십니까?"라고 물어야 정확한 조사가 된다. 그룹 인터뷰를 통해서는 말로 드러나지 않은 사용자의 진짜 속마음을 읽어야 한다.

아침 방송에 건강식품이나 새로운 품종의 과일, 핫 플레이스가 나오면 다음 날 어김없이 동네 마트나 쿠팡, 마켓컬리, 야놀자에서는 방송에 소개된 제품이나 장소가 핫 아이템으로 주목받는다. 사전에 광고로 잘 포장한 덕분인지, 실제 방송을 통한 홍보 효과인지, 아니면 정말 최근 트렌드를 방송이 잘 포착한 것인지 선후 관계는 잘 모르겠다. 트렌드라는 것이 늘 변화무쌍하게 움직이기 때문에 딱 이런 루트로 움직인다고 말하기는 어렵다. 수시로 바뀌고 소비자 마음 외에도 제조사와 마케팅사, 방송 그리고 수많은 커뮤니티의 입김에 의해 갈대처럼 흔들리는 것이 사람 마음이다 보니 정형화된 루트는 없다. 트렌드가 될 단초를 빠르게 파악해서 적극적으로 해석해보는 수밖에 없다.

가까운 주변 인물부터

모든 유행이 트렌드가 되지는 않는다. 잠깐의 이슈로 주목받다가 사라지기도 하고, 꽤 오랜 시간 관심이 유지되다 트렌드 수준으로 올라서기도 한다. 그러므로 트렌드로 발전될 수 있는 다양한 유행들을 미리 파악해두는 것이 좋다. 그러려면 주변 사람들 목소리에 귀를 기울여야 한다(이는 일상에서 IT트렌드를 읽는 것과도 유사하다). 방송이나 신문에 소개되는 유행은 이미 트렌드로 확고하게 자리 잡은 지 오래되었거나 트렌드로 만들고자 하는 불순한(?) 마케팅이 개입되었을 수도 있다. 그러므로 트렌드가 될 씨앗들을 직접 찾아 나서야 한다. 다만, 뉴스나 방송 등 중재자를 통한 파악이 아니라 직접 주변의 목소리를 캐치하는 것이 중요하다. 이때 놓치지 말아야 할 포인트는 말 뒤에 숨은 진짜 의도와 니즈를 파악하는 것이다.

2010년경 회사 동료들이 노트북에서 인터넷 익스플로러를 대신해 크롬 브라우저를 사용하는 횟수가 많아졌다. 왜 굳이 크롬 브라우저로 바꾸었는지 물어보니, 익스플로러보다 속도가 빠르고 다른 프로그램과 충돌이 적다라는 답을 했다. 그렇다면 인터넷 익스플로러는 아예 안 쓰느냐고 물어보니 익스플로러도 가끔 쓰는데 공인인증서가 필요하거나 공공기관에서 만든 사이트를 이용할 때만 쓴다고 했다. 그런데 2012년부터는 회사 동료들

뿐만 아니라 가족과 친지, 주변 대학생들도 크롬 브라우저 많이 사용하기 시작했다. 마찬가지로 왜 많이 사용하느냐고 물어보니 안드로이드가 탑재된 스마트폰을 사용하면서 크롬 브라우저를 알게 되었고, 크롬 브라우저를 컴퓨터에도 설치해 모바일, 데스크탑 양쪽으로 같은 브라우저를 통해 즐겨찾기나 열어본 웹페이지 등을 연동해서 사용한다고 했다. 실제 2013년부터 크롬 브라우저가 국내에서 인터넷 익스플로러 시장 점유율을 추월했고 이후 PC는 물론 스마트폰에서도 가장 많이 사용하는 브라우저가 되었다. 이처럼 내 주변에서부터 변화를 세심히 살피고, 변환의 원인을 캐묻기 시작해야 한다. 가장 기본 중의 기본이 되는 일이다.

사용자 리서치

좀 더 정확하고 논리적으로 시장을 읽기 위해서는 사용자 조사를 하는 것이 효과적이다(이제 본격적으로 비즈니스와 연관된 액션이다). 단, 리서치를 할 때는 파악하고자 하는 것을 명확하게 정의한 후 시작하는 것이 좀 더 현명하다. 요즘 뜨는 게 뭘까 하는 정도의 질문만으로는 정확한 파악이 어렵다. 구체적으로 사용자들이 일상에서 경험하고 있는 현상에 대해 물어야 한다. 즉, 생각이 아니라 행동에 대해 물어야 올바른 리서치가 된다.

스마트 워치를 언제부터 왜 사용했는지, 스마트 워치에서는 무슨 앱을 자주 사용하는지, 스마트 워치를 이용하지 않았을 때와 사용하고 나서부터 달라진 행동은 무엇이었는지 등을 구체적으로 물어야 한다. 두리뭉실한 질문을 하거나 이미 상식처럼 생각되는 것을 확인하는 듯한 질문은 무의미하다. 사실 질문을 잘하는 것도 기술이고 요령인데, 이는 별도의 학습을 필요로 한다. 다만 잘 모르겠다고 생각될 때는 내가 생각하는 특정 가설을 확인하는 질문이 가장 좋다. 그런 다음 꼬리에 꼬리를 물면서 질문을 이어가다 보면 얼추 맥락을 잡을 수 있다.

탈 통신을 부르짖으며 통신사들이 새로운 사업 혁신에 목말라 하고 있다는 것은 관련 기사와 통신사들의 보도자료, 조직개편, 사업 발표를 보면 쉽사리 추정이 가능하다. 핵심은 사용자들이 통신사들의 탈 통신 분위기에 어떤 반응을 하는지, 그리고 통신사마다는 어떻게 다른 생각을 하는지 확인하는 것이다. 그런데 그렇다고 해서, 요즘 통신사들이 어려운데, 이들의 미래 먹거리 사업에 대해서 어떻게 생각하나요? 이렇게 물어볼 수는 없다. 대신 SKT의 아이 찾기 서비스나 반려 동물 찾기 서비스를 이용해봤나요? 사용해보지 않았다면 이들 서비스를 들어본 적은 없나요? 들어보셨으면, 어떤 생각이 들었나요? 통신사에서 제공하는 앱이나 서비스 중에 즐겨 사용하는 것은 무엇인가요? 이 외에도 LG U플러스의 광고 사업인 U+AD(LG의 IPTV, 통신 가입자 대상의 통합형 타겟 광고 비즈니스)라는 광고를 보고서 어떤 느낌이 드나요? KT에서 서비스하는 AI 비서 서비스인 기가지니를 경험해 본적 있나요? TV CF로 보았다면 보면서 어떤 생각을 했나요? 등으로 물어야 한다. 가급적 구체적으로 뾰족하게 물어보는 것이 중요하다.

FGI

시장의 전체적인 움직임은 숫자로도 알 수 있다. 통계청 자료나 여러 서비스 트래픽 지표로도 파악할 수 있다. 그런데 숫자로만 해석하기에 어려운 것이 있다. 이때 사용자 리서치(설문조사, 그룹 인터뷰)를 해보면 좋은데, 트렌드의 전조 증상을 파악하는 중요한 스텝이 된다.

사람들은 단순히 질의응답만으로 자신의 속마음을 정확히 드러내지 않는다. 언제든 바뀔 수 있고, 자칫 가치관이 개입되는 질문이라면 똑바로 대답하지 않을 수도 있다(그래서 설문지 만드는 것에도 요령이 필요하다). 이런 점 때문에 설문 조사를 통한 리서치도 필요하지만 FGI(Focus Group Interview)를 통해 한 번 더 깊숙이 들어가는 조사도 필요하다. 이왕이면 둘 다 병행하는 것이 가장 좋다.

2018년대 혜성처럼 등장한 스마트 스피커는 컴퓨터, 스마트폰에 이어 제3의 디바이스로 주목을 받았다. 모두가 새로운 트렌드가 될 것으로 생각하고 관련 제품을 개발하고 출시했다. 나 역시도 스마트 스피커로 AI의 시대가 본격적으로 개막될 것으로 예측했다. 하지만 판매는 어느 정도 되었지만 태블릿이나 스마트 워치처럼 트렌드가 되지는 못했다. 그냥 얼리 유저들의 전유물처럼 돼 버렸다.

나는 왜 정확하게 예측하지 못했을까? 곰곰이 생각해 보면, 스마트 스피커를 사용하는 일반 대중의 눈높이를 제대로 읽지 못한 것이 문제였다. 그저 뉴스 기사와 스마트 스피커 전문 커뮤니티 등에 올라온 호평 일색의 정보에만 현혹되어, 또 누구보다 앞서서 스마트 스피커를 애용하는 나 자신의 경험에 호도되어

스마트 스피커

일반 대중의 경험을 제대로 구별해 보지 못했다. 사실 스마트 스피커를 이용하는 사용자들을 데리고 FGI만 해보았어도 쉽게 발견할 수 있는 사실이었다.

뒤늦게 파악된 바에 의하며, AI 스피커 사용자 대부분은 겨우 3~4가지 정도의 명령어만 반복적으로 이용했다. 지금 몇 시야? 오늘 날씨 어때? 자주 듣는 음악 들려줘. 이 정도가 일반적으로 이용하는 명령어로 그 이상으로 스마트 스피커를 잘 쓰지 않았다. 게다가 이 명령조차도 하루에 두세 번도 사용하지 않을 만큼 적었다. 심지어 스피커가 시도 때도 없이 깨어나 묻지도 않은 질문에 스스로 답하는 것 때문에 스피커를 꺼두는 경우도 있었다. 실제 사용자들과 한두 시간만 대화해 보면 금방 파악되는 사실이었다. 그럼에도 나는 이를 자세히 들여다보지 않았다.

사석에서 대화하기

2022년 5월경 SKT에서 에이닷이라는 2세대 AI 에이전트(여러 주제로 대화하며 필요한 서비스를 제공, 스마트 스피커보다 한 단계 발전되었다고 할 수 있다) 앱을 런칭했다. 그 과정에 나도 참여했기에 초거대 AI, 즉 새로운 AI 서비스에 대한 사람들의 생각과 전문가들의 전망이 궁금했다.

대개 그런 경우 수천 명의 사용자를 대상으로 리서치나 설문

조사를 하고 실제 서비스 지표를 분석해서 평가한다. 그리고 여기에 전문가 인터뷰 더 나아가 토론회 등을 통해 에이닷을 포함한 미래 AI에 대한 견해를 듣는 것이 일반적이다. 그리고 여기에 꼭 빼먹지 않고 추가해야 하는 것이 실사용자와의 가벼운 담소 시간과 전문가와의 저녁 식사자리다.

한 번은 에이닷을 자주 쓰는 어느 주부와 이야기를 나눌 기회가 있었다. 그녀는 그룹 인터뷰에서는 다른 사람들과 크게 다르지 않은 의견을 제시했다. 그러다 인터뷰가 끝나고 찻집으로 이어진 뒤풀이 자리에서 실은 이 서비스를 본인이 사용하려고 이용하는 것이 아니라 다섯 살 난 아이에게 사용하도록 준다고 했다. 이유는 아이가 곧잘 에이닷과 이런저런 이야기를 나누는 것을 즐거워해서 식사 준비나 청소하는 20~30분 시간 동안 쓸 수 있게 한다고 했다. 그러다 보니 에이닷에 아이 모드를 설정해서 20~30분간 아이가 에이닷 버튼을 굳이 누르지 않아도 온전히 음성 대화를 계속할 수 있도록 하면 좋겠다는 의견과 아이에게 불필요한 영상이나 유료 기능은 이 모드에서는 제외하면 좋겠다는 의견을 주었다. 공식적인 인터뷰 자리에서는 놓칠뻔한 진실의 목소리였다. 이외에도 전문가들과 함께하는 식사 자리에서 AI와의 대화가 명확한 목적을 기반으로 시삭할 때 더 나은 사용자 경험을 줄 수 있다며 마치 어떤 대화도 가능한 것처럼 홍보하면 되레 고객들이 실망할 수 있으니 과도한 마케팅은 자제할 필요가 있다는 의견도 청취할 수 있었다. 모두 편안한 담소 시간에서 나온 얘기였다. 공식적인 자리에서는 아무래도 회사에 불리하거나 회사에 문제가 될 만한 얘기는 감추고자 하는 경향이 있는데 (특히 회사로부터 제품을 공짜로 이용하게 되었다거나 회사로부터 자문료를 받는 경우), 사석에서 대화를 나누게 되면 그동안 말하지 못한 회사에 불리한 이야기나 회사에서 들으면 언짢아할 얘기도 스스럼없이 털어놓게 된다. 즉, 보다 정확한 조사가 이루어진다고 할 수 있다.

편안한 담소가 되기 위해서는 두 가지가 필요하다. 첫째는 내가 먼저 무장 해제 되어야 한다. 가벼운 농담과 거리낌 없는 솔직 담백한 의견을 나부터 개진해야 한다. 솔선수범으로 대화를 이끌어가야 상대도 가감 없이 자신의 생각을 털어놓는다. 둘째는 편안한 주변 환경이다. 딱딱한 회의실보다는 커피숍이나 레스토랑, 선술집에서 좀 더 쉽게 마음을 열고 자신의 이야기를 하게 된다.

정리해보자. 설문조사를 하고 FGI를 하는 것을 시장 조사라고 한다. 시장 조사는 정확성이 생명이다. 정확한 조사가 되기 위해서는 조사 방법이 과학적이어야 함은 물론이고, 조사를 위해 던지는 질문도 적절해야 한다. 시장 조사를 전문적으로 진행하는 리서치 업체를 이용하는 방법도 있지만, 그렇지 못할 경우 스스로 연습과 별도의 공부를 통해 조사 스킬을 함량 하는 수밖에 없다. 그리고 FGI의 경우 인터뷰를 이끌어가는 사회자(모더레이터)의 역할이 무척 중요한데 진짜 속 마음을 잘 털어놓을 수 있게 잘 유도하는 것이 핵심이다. 이 역시도 전문 업체를 이용할 수 있다.

조사가 아무리 과학적이고 여러 번의 조사 경험을 가진 사람이 이끌어간다 하더라도 사람들은 정식 조사에서 자신의 생각을 올바르게 털어놓지 않고 비공식적인 자리에서 오히려 진짜 속내를 털어놓을 때가 많다. 그래서 공식적인 조사와 비공식적인 조사는 함께 병행되는 것이 좋다.

11. 얼리어답터와 협업하되 반걸음만 앞서 간다

기술에 가장 예민한 그룹이 10대 20대이고 얼리어답터이다. 이들이 요즘 무슨 제품과 서비스를 쓰는지 잘 살펴봐야 한다. 트렌드는 이들로부터 시작된다고 해도 과언이 아니다. 다만 이들과 함께 동조화 되는 것은 경계해야 한다.

세이클럽, 싸이월드, 페이스북, 인스타그램, 틱톡 등이 트렌드가 된 이유는 10~20대가 주요 사용자층으로 있다가 전 세대로 확산했기 때문이다. 스마트폰은 20~30대, 전기차는 30~40대가 트렌드 세터가 되어 시장을 이끌었다. 이처럼 트렌드는 처음부터 전 세대에 걸쳐 골고루 시작되는 것이 아니라 특정 세대나 지역 혹은 직업을 가진 사람들에서부터 시작된다. 그래서 트렌드를 잘 읽으려면 어떤 특정 그룹으로부터 주목을 받는지 포착할 수 있어야 한다. 그러려면 각 세대와의 소통을 빼먹지 말아야 한다.

기술 트렌드를 주도하는 10대와 20대

게임을 즐기는 중학생 남자 조카에게 가끔 물어본다. 요즘 즐겨 사용하는 앱이 뭔지, 친구들과 대화는 주로 어떤 앱을 이용하는지, 학교 숙제는 어떤 프로그램으로 해결하는지, 자주 사용하는 검색 엔진은 무엇인지. 그리고 고등학생 여자 조카에게는 친구들 사이에서 인기있는 브랜드는 무엇이고, 핸드폰 다음으로 어떤 디지털 기기를 자주 이용하는지 묻는다. 그리고 둘 다에게는 공통으로 친구네 중 전기차로 차를 바꿨다거나, 새로운 디지털 기기나 가전 기기 등을 구입했다는 이야기를 들어 본 적은 없는지도 묻는다. 사실 전 연령을 넘나드는 보편적인 트렌드의 시작은 주로 MZ세대 중에서도 10~20대 중심으로 시작된다. 새로운 기술에 대한 수용성이 높고 호기심이 많아 전파력이 매우 크다. 그래서 이들 사이에서 유행하고 있는 서비스나 상품, 기기들은 좀 더 눈여겨볼 필요가 있다. 어떤 것에 주로 반응하고 반대로 외면하는지 살펴보고 진단해야 한다.

2017년 평소 자주 이야기를 나누던(10대 대상의 시장 조사를 위해 항상 캐묻던) 친구 아들이 디스코드로 친구와 통화하는 것을 목격했다. 카카오톡이나 페메(페이스북 메신저)를 이용하지 않느냐고 물었더니 요즘에는 디스코드로 대화한다고 했다. 이유를 물어보니 게임 때문이었다. 게임을 하다가 친구들과 음성 챗팅을 하거나 게임에 대한 정보를 주고받을 때 다른 메신저보다 음성 채팅 기능이 우수하며 팀을 짜서 하는 게임의 경우 팀원들과 빠른 소통을 위해서는 디스코드 만한 것이 없다고 했다. 이 얘기를 듣고는

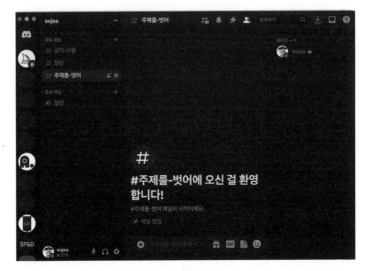

디스코드

디스코드가 조금씩 메신저 트렌드를 바꾸고 있다는 생각이 들었다. 물론 대세가 될지 어떨지는 앞으로 좀 더 지켜봐야겠지만 말이다.

2020년에는 고등학생 조카가 학교 보고서 작성과 팀 프로젝트를 하는데 MS 오피스보다 구글독스를 더 많이 이용한다고 했다. 직장에서의 문서 작성은 대부분 MS오피스 프로그램을 이용하고 있는데, 아이들은 구글독스로의 사용 비중을 늘리고 있었다. 물론 IT 업계 종사자 중 상당수는 구글독스를 이용하고 있었지만 대세가 될 정도는 아니었다. 구글독스를 이용하는 이유를 물었더니 웹 브라우저 사용이 가능한 컴퓨터는 물론이고 태블릿과 스마트폰 등에서도 자유롭게 이용할 수 있기 때문이라고 했다. 학교에서 공용 컴퓨터로, 카페에서는 친구 태블릿으로, 전철이나 버스에서는 스마트폰으로 문서에 접속해 수시로 작성하고 편집하기에 구글독스 만한 것이 없다고 했다. 또 과제를 같이 하는 친구들과 공동으로 문서 작업을 하기에도 적합하다고 했다. 로컬 기기에 소프트웨어를 설치해서 사용하던 오피스 프로그램이 이제는 인터넷 환경만 되는 곳이면 얼마든지 중앙 서버에 접근해 사용하는 클라우드 기반으로 사용 패턴이 바뀌고 있다는 것을 확인할 수 있었다. 이제는 엄연한 빅 트렌드로 봐야 한다.

얼리어답터와 협업하기

경영학에서는 소비자들의 소비 성향에 따라 5단계로 구분을 하는데, 이중 얼리어답터는 혁신가에 이어 신제품을 가장 먼저 구입해 쓰는 사람으로 최신의 제품과 서비스 이용에 사족을 못 쓰는 소비자군이다. 2000년대부터 하루가 멀다고 새로운 디지털 디바이스와 인터넷 서비스들이 생겨나다 보니 첨단 기술 제품에 대한 관심이 많이 생겨났고 덩달아 얼리어답터도 늘어났다. 기업에서는 신제품 개발이나 시장 조사와 마케팅 차원에서 활용하고자 베타테스터 같은 제도를 도입해 이들과 함께 여러 가지 프로젝트를 같이 진행하기도 하고 콜라보란 이름으로 유명 유튜버나 인스타그래머 등과 협업해 신제품이나 한정판 제품을 내놓기도 했다. 이 또한 빠르게 트렌드를 읽고 시장의 큰 흐름으로 만들려는 기업 활동의 일환이었다.

첨단 제품을 쫓는 얼리어답터들은 새로운 제품을 가장 먼저 사용하고, 이후 대중의 선택을 보면서 자신의 선택과 평가를 조정하기도 한다. 그래서 이들의 경험과 생각을 읽으면 트렌드를 예측하는 데 큰 도움이 된다. 중요한 것은 얼리어답터의 생각이 맞고 틀리고를 확인하는 것이 아니라 이들의 생각을 통해 다양한 시사점을 뽑는 것으로 한두 명의 얼리어답터가 아니라 여러 명을 주시할 필요가 있다. 그런 다음 생각이나 의견을 종합적으로 판단해 트렌드 예측에 참고해야 한다.

MP3 플레이어가 시장에 본격적으로 소개되면서 다양한 종류의 제품들이 쏟아져 나오던 시기가 있었다. 그중 얼리어답터들의 시선을 끄는 제품이 있었는데 바로 MP3 CDP였다. MP3 플레이어가 이용되기 시작한 초기에는 메모리 용량의 한계로 최신 음악을 PC에서 USB 케이블로 연결하고, 기존의 저장된 파일을 삭제하고 새 음악 파일을 넣는 번거로움이 있었다. 그런데 MP3 CDP를 이용하면서부터는 100곡이 넘는 음악을 CD에 레코딩 할 수 있어서 해당 CD만 플레이하면 워크맨처럼 편리하게 이용할 수 있었다. 그러다 보니 얼리어답터들은 MP3 CDP에 열광했다. 하지만 일부 얼리어답터들은 CD로 음악을 듣는 방식은 되려 기술 흐름에 역행하는 일이라 보았다. 그리고 물리적인 CD를 관리하는 것은 귀찮은 일이고 보관도 용이하지 않다고 했다. 실제로 MP3 CDP는 트렌드가 되지 못했다. 대신 MP3 파일을 쉽게 관리하고 MP3 플레이어로 전송하는 과정을 편리하게 하는 소프트웨어의 중요성이 부각되었다. 곧, 아이튠즈라는 MP3 관리 소프트웨어가 나오면서 MP3 플레이어(아이팟)와 이를 연동시킨 애플이 새로운 트렌드를 주도하는 주인공이 되었다.

이후 MP3 시대의 독주가 한동안 유지되다 앱을 스마트폰에 설치해서 스트리밍으로 음악을 듣는 새로운 트렌드가 만들어졌다. 당연히 이 P2P 파일 공유 서비스(냅스터, 당나귀, 소리바다 등)를 이용하던 얼리어답터를 주시했다면 쉽게 예측이 가능한 서비스였다. 이들은 듣고 싶은 음악 파일을 얻고자 P2P 파일 공유 서비스를 이용했다. 그런데 MP3 CDP의 불편함과 MP3 소프트웨어의 중요성을 깨달은 얼리어답터들은 단순히 파일을 공유 받아 PC에 다운로드 하는 것보다 윈앰프나 리얼오디오 같은 PC용 소프트웨어로 음악을 그때그때 검색해서 청취하는 것이 더 편리하다는 것을 깨닫기 시작했다. 이때부터 지금의 멜론이나 스포티파이처럼 스트리밍 음악 서비스의 필요성이 대두되기 시작했다.

그리고 이는 음악을 넘어 영상으로까지 확대되어 넷플릭스나 티빙, 웨이브 등의 OTT 서비스로 성장했다. 이제는 음악과 영상 파일은 물론이고 사진, 문서 등의 파일까지 모든 영역의 콘텐츠를 실시간 스트리밍 방식으로 이용 가능한 세상이 되었다.

기술 예민층에 동조하지 않도록

사실 기술 트렌드를 쫓는 IT 종사자 대부분은 기술 만능주의식 사고를 갖고 있다. 나만 해도 누구보다 얼리어답터이면서 신기술과 첨단 제품에는 늘 적극적 수용주의 사고를 가지고 있다. 다만 이런 사고는 무한한 긍정과 희망으로 과대 해석되어 웬만한 기술은 무조건 사회를 이롭게 하고 세상을 바꾸는 트렌드가 될 것이라는 오판을 하도록 한다.

음성 기반의 소셜 미디어 서비스인 클럽하우스는 2021년 1월 런칭 8개월 만에 200만 명을 돌파하고, 10억 달러의 기업 가치를 인정받으며 유니콘 반열에 올랐다. 라디오와 트위터, 페이스북을 합해 놓은 것처럼 광장에 모여 자발적으로 무대에 오른 발언자들이 의견을 얘기하고 이를 누구나 실시간으로 청취할 수 있고 청취 도중 자유롭게 발언도 가능한 서비스였다. 그리고 유명 인플루언서와 기업인들이 참여하면서 새로운 오디오 SNS 시대가 왔다고 대중들이 열광하기 시작했다. 하지만 클럽하우스는 불과 1년도 안 되어 이용자 수가 80% 이상 감소하며 추락했다. 어떤 오판이 있었던 것일까?

2012년 4월 춘심애비라는 필명을 가진 딴지일보 기고가가 당시의 대선을 분석하면서 뱅뱅이론을 언급했다. 뱅뱅이론은 청바지 브랜드 뱅뱅에서 따온 것으로 남들보다 더 넓은 세계를 보고 있다고 생각하는 부류가 착각의 늪에 빠져 다른 트렌드의 존재조차 제대로 파악하지 못하는 것을 뜻한다. 끼리끼리 뱅뱅 돌며 이야기하고 그 안의 세계에 갇혀 있다 보면 더 큰 세상의 변화나 다른 세상의 존재를 깨닫지 못한다는 것이다. 그래서 이런 실수를 하지 않으려면 기술 소외층을 따로 만나야 할 필요가 있다.

클럽하우스가 대세처럼 인식될 당시, 이를 사용하지 않던 10대와 20대 그리고 주부층과 얼리어답터의 반대 속성을 가진 3040세대의 후기 다수 수용 계층(Late majority)과 지각 계층(Laggards)의 생각도 들어봐야 했다. 사실 클럽하우스는 IT에 관심을 갖는 전문가들과 스타트업 CEO, 테크 기업 종사자들 그리고 음악과 엔터테인먼트에 종사하는 사람들과 일부 대학생들만의 공간이었다. 정해진 시간에만 실시간으로 참여할 수 있고, 청중의 참여가 사회자의 권한으로 제한적이라는 폐쇄성은 누구나가 아니라 허락된 누구에게만 이라는 폐쇄성을 부각시켰다. 결국 그들만의 리그가 되었고, 더 큰 우물이 되는 트렌드로 발전하지 못했다.

세상이 바뀐 것 같다는 착각은 결국 내가 보고 싶은 것만 보게 한다. 일부러라도 새로운 서비스를 거부하거나 사용하지 않는 사람들의 생각을 읽고 이들이 왜 그런 행동을 하는지 따져봐야 한다. 그 이유에 타당함이 있다 없다를 볼 수 있는 안목이 결국 트렌드를 읽느냐 그렇지 않느냐로 연결된다.

정리해보자. 기술에 예민한 그룹이 있다. 이들은 유행을 만들고 퍼뜨리는 트렌드 진원지의 역할을 한다. 새로운 것에 민감한 10대와 20대 그리고 얼리어답터들이 이 그룹에 속한다. 그래서 이들을 관찰하고 업무적으로 유대를 맺고 이들과 여러 가지 프로젝트를 진행하는 등의 관계 맺기를 계속해야 한다. 다만, 이들은 어느 층보다도 IT 기술에 적극적이고 긍정적이다. 이들 생각을 절대다수의 생각으로 왜곡해서 받아들이지 않도록 주의해야 한다.

12. 뜨는 기술의 실패할 이유를 찾는다

아무리 좋은 기술이라도 무조건 상품화에 성공하는 것은 아니다. 상품화에 실패한 기술을 찾아보고 실패의 원인이 무엇인지 생각해 보자. 반대로 성공한 제품도 원인을 정확하게 알아두어야 성공을 계속 이어갈 수 있다.

2012년 다음에 근무하면서 다음TV를 런칭했다. 다음TV는 유튜브와 같은 앱이 아니라 텔레비전에 셋톱박스를 연결해서 다음에서 제공하는 동영상 콘텐츠를 TV에서 즐길 수 있도록 하는 서비스다. 구글의 크롬캐스트처럼 TV와 연결해 다음이 제공하는 영상 서비스를 볼 수 있도록 했다. 그로부터 10년이 흐른 지금 전 세계적으로 자리를 잡고 있는 동영상 서비스는 넷플릭스와 유튜브다. TV에서도 셋톱박스 기반이 아닌 스마트TV에 설치된 넷플릭스나, 유튜브 앱을 통해서 동영상 서비스를 즐기는 것이 표준처럼 되었다. 왜 다음TV는 실패하고, 넷플릭스나 유튜브는 성공하고 트렌드가 되었을까? 무슨 차이가 있는 걸까?

상품화에 실패한 기술

2001년경 세상에 소개된 세그웨이는 ABC 방송에서 소개되면서 모빌리티의 혁신 아이콘으로 떠오르며 주목받았다. 애플의 스티브 잡스와 아마존의 제프 베조스도 투자할 정도로 큰 기대를 불러일으켰다. 도시의 출퇴근 광경이 바뀔 거라는 예찬도 있었다. 두 개의 바퀴가 달린 전동차 위에 올라 몸을 앞으로 기울이면 자동으로 나아가고 뒤로 기울이면 멈추고, 핸들로 방향 전환을 쉽게 할 수 있을 뿐만 아니라 절대로 넘어지지 않는 자율 균형 기술도 갖추고 있었다. 그런데 세그웨이는 출시되고 20년이 지나고 생산 중단을 선언했다. 비록 기술은 뛰어났지만, 출시 18개월간 6천대밖에 판매하지 못했고, 지난 20년 동안 14만대 판매한 것이 전부였다. 트렌드가 될 거라 누구도 의심치 않던 이 전동차는 왜 실패한 것일까? 사실 지금 세그웨이와 같은 전동 킥보드가 도로 곳곳을 누비고 있다. 그때는 틀렸고 지금은 맞는 것일까? 단지, 타이밍의 문제였던 걸까?

세그웨이의 실패는 사용자 입장을 고려하지 않고 기술 중심으로만 개발했기 때문이다. 멋들어진 기술로 만든 제품이지만 정작 어디에 사용할지 애매했다. 출퇴근 용도로 사용하기에는 사람이 달리는 속도인 20km/h 정도로 제약이 있었고, 규제 이슈 때문에 이 제품을 사용할 장소도 마땅치 않았다. 실제로 관계 당국은 이 전동기를 도로나 인도에서 쓸 수 없도록 사용을 전면 금

세그웨이

지하거나 유동 인구가 적은 제한된 구간에서만 사용하도록 했다. 심지어 영국에서는 아예 사용을 금했고 호주에서는 12km/h로 속도 제한을 했다. 일본에서도 공공도로에서는 이용하지 못하게 했다. 한마디로 구입을 하더라도 사용처가 마땅치 않았다. 게다가 가격은 1,000여만 원이나 되니 그 돈이면 차라리 조금 더 보태어 자동차를 구매하는 것이 나았다. 자전거에 밀리고 자동차와 경쟁이 되지 않는 상황에서 세그웨이보다 훨씬 저렴하고 빠른 전동 킥보드와 전기 자전거가 등장하면서 오히려 트렌드는 그쪽으로 가고 말았다.

가격 경쟁력과 실제 사용자들이 사용할 수 있는 사용처를 고려한 시장 지향성 제품이 나왔어야 했는데 기술 지향적 제품이란 것이 문제였다. 트렌드는 기술로 선택받는 것이 아니라 시장의 선택으로 결정된다는 것을 확인한 사례라 할 수 있다.

뜨는 기술의 실패할 이유 찾기

화려한 최첨단의 하이테크에 현혹되지 않고 시장을 똑바로 보기 위해서는 기술과 상품을 구분해서 보아야 한다. 시장은 기술을 선택하는 것이 아니라 상품을 선택한다. 그렇기에 기술이 적용된 상품이 실제 시장에서 어떤 평가를 받는지 추적할 수 있어야 한다. 블록체인이 핫 한 키워드로 주목받는다 하더라도 블록체인으로 구현된 상품이 시장에서 보편적으로 사용되지 않는다면 블록체인은 아직 트렌드가 될 수 없다.

2018년 블록체인으로 구현된 암호 화폐가 온 IT 세상을 삼켜버릴 만큼 큰 이슈였다. 덩달아 암호 화폐를 만드는 블록체인 기술에 관한 관심도 급증했다. 클라우드 다음의 차세대 기술 패러다임이 될 것이라는 찬사가 연일 이어졌다. 여기에 블록체인의 분산원장이나 비트코인, 이더리움 기반의 다양한 기술 스타트업이 등장하며 새로운 혁신이 시작되었다는 분위기도 이어졌다.

하지만 블록체인은 클라우드 대체재로는 물론이고 보완재로도 인정받지 못했다. 왜 그런 걸까? 블록체인으로 구현된 상품이 암호화폐 외에 딱히 주목할 만한 것이 없었기 때문이다. 게다가 블록체인으로 구현된 암호화폐조차도 실제 서비스로 활용된 것이 아니라 투기적 목적으로 오용되다 보니, 상품 가치로서 기술이 제대로 인정받지도 못했다. 그러니 블록체인이 아무리 혁신적이고 좋은 이상을 갖고 있다 하더라도 트렌드가 되기는 시기상조였다.

그러나 코로나19를 맞이하며 시중에 갈 곳을 잃은 자본 덕분에 블록체인 기술이 2020년부터 다시 주목받고 있다. 이전과 다른 점은 블록체인으로 구현된 서비스나 상품이 암호화폐 외에도 디파이(De-Fi, 금융의 탈중앙화), NFT, DAO 등으로 다변화되었다는 점이다. 투기 목적이 아닌 금융 자산의 관리, 환전과 송금 및 자산의 소유권과 사용권을 보장하고 투자 조합의 운영에 실질적 도움을 주는 솔루션으로서 가치를 보여주고 있다. 블록체인은 다양한 상품을 만들어내는 도구로 작동하고 있다. 2018년 때와는 확실히 달라진 위상이나. 블록체인이 재평가를 받게 된 이유는 결국 이 기술을 활용한 상품이나 서비스가 다양해지고 이를 사용하는 실사용자들이 늘어났기 때문이다.

성공에 필요한 조건

애플워치가 처음 등장할 당시만 해도 많은 전문가가 실패하는 기술이 될 거라 전망했다. 그런데 애플워치는 2021년 스위스 시계 산업 전체를 큰 격차로 앞지를 만큼 성장했으며 1억대가 넘게 판매될 만큼 역사적으로 가장 많이 팔린 시계로 등극했다. 2021년 스마트 워치는 전년 대비 24배나 성장했고 2021년 4분기에만 4,000만대 이상이 출하될 정도로 성장했다. 애플워치 이전에도 페블이라는 스마트 워치와 유사한 카테고리로 스마트밴드가 있었다. 하지만 패션은 되었을지언정 트렌드가 되지는 못했다. 애플워치는 어떻게 트렌드가 될 수 있었을까?

시장의 선택을 받는 제품이나 기술은 자신의 본질적 가치를 제대로 사용자에게 전달할 수 있어야만 한다. 스마트 워치는 디지털 기기 이전에 시계다. 그리고 몸에 부착하는 액세서리이기도 하다. 사람들이 시계를 차는 이유는 시간이 궁금해서이기도 하지만 허전한 손목을 예쁘게 치장할 액세서리이기도 하기 때문이다. 이 관점으로 보면 기존의 스마트 워치나 스마트밴드가 사람들로부터 선택받지 못한 이유를 확실히 알 수 있다. 애플워치가 나오기 전까지는 스마트워치가 손목에 차기에는 투박하고 예쁘지 않았다. 반면 애플워치는 액세서리로 보기에도 디자인이 뛰어났다. 밴드를 바꿔가며 손목을 예쁘게 꾸밀 수도 있고, 액정 화면으로도 자신의 개성을 표현한 스크린 이미지를 선택할 수 있었다. 여기에 기존의 시계(혹은 스마트밴드)가 주지 못하는 막강한 성능과 다양한 기능까지. 초기 애플워치는 GPS와 가속도계, 심박 센서와 자이로스코프, 주변광 센서 등이 탑재되었고, 그 이후 출시된 제품에는 수온과 체온 감지, 고도계와 심전도 등을 측정하는 고성능 센서들이 탑재되었다. 이런 센서 덕분에 충돌이나 심정지 등 건강이나 사고 위험 등에 대한 감지가 가능해졌다. 그 외에도 다양한 앱을 설치해 여러 다른 용도로도 사용이 가능했다. 심지어 스마트폰 없이도 메시지와 각종 알람 확인과 전화 통화가 가능하고 워키토키나 녹음기로도 이용이 가능했다. 이렇게 기대 이상의 성능과 기능을 제공하다 보니 새로운 트렌드가 되지 않을 수 없었다. 덩달아 애플워치에 탑재된 기술들도 새롭게 주목받으며 다른 스마트 워치에 기본으로 탑재되는 기술로 자리 잡게 되었다.

정리해보자. 뛰어난 IT 기술이라고 해서 무조건 트렌드가 되지는 않는다. 시장과 사용자의 선택을 받아야 트렌드가 될 수 있다. 선택은 결국 사용성과 가치에 의해 결정된다. 과거를 더듬어 뛰어난 기술임에도 불구하고 사용성이나 가치 창출에 실패해 묻혀 버린 기술이나 이를 반영한 제품이 있는지 살펴보자. 그리고 지금 다시 대중에게 소개한다면 어떤 반응을 얻게 될지도 한 번 예측해보자. 어쩌면 잃어버린 기회를 되찾을 수 있을지도 모른다. 핵심은 시장의 선택을 받는 조건을 아는 것이다.

13. 킬러 앱들의 돈 버는 방법을 확인한다

과거의 킬러 앱부터 현재의 킬러 앱까지 고객으로부터 변함없는 사랑을 받아온 이유를 살펴보자. 그리고 이들이 어떻게 돈을 버는지도 살펴보자. 그런 다음 돈을 버는 데 필요한 기술이 무엇인지 살펴보자. 어쩌면 엄청 대단한 기술이 아닐 수도 있다.

IT 트렌드를 쫓을 때 기술 자체에만 신경을 빼앗겨서는 안 된다고 여러 번 강조했다. 기술 이전에 사람이 있고 기술은 사람을 위해 존재하기 때문에 사람을 중심에 놓고 기술을 들여다봐야 한다고 했다. 즉, 사용자의 관점, 경험, 가치를 중심에 놓고서 기술을 해석해야 한다. 이때 당연히 눈여겨 봐야 하는 것은 기술 위에 얹힌 서비스이다.

IT 트렌드와 소비 트렌드

대중적으로 널리 사용하는 서비스를 가리켜 '킬러 앱'이라고 한다. 킬러 앱의 변천사를 보는 것도 트렌드 포착에 무척 중요하다. 2000년대 전후로 사람들이 많이 사용하던 킬러 앱은 뭐였을까? 메일, 카페를 시작으로 세이클럽과 검색, 싸이월드 등이 널리 사용되던 서비스였다. 이후 쇼핑몰과 오픈마켓, 메신저와 블로그와 유튜브 등이 등장했다. 그리고 2010년대부터 지금까지는 카카오톡, 티맵, 페이스북 그리고 인스타그램과 틱톡 등이 인기를 끌고 있다. 이처럼 사람들이 사용하는 서비스는 시대에 따라 바뀐다. 그래서 오랫동안 사람들에게 일관되게 사랑을 받는 일이 얼마나 어려운 일인지 누구나 알고 있다.

나는 이런 변화를 해석할 때 일상의 다른 트렌드와 비교해 시사점을 찾는 방식을 쓴다. 우리가 즐겨 먹는 음식에 비교해 보거나 옷이나 장신구 등의 패션 트렌드로 이해해보는 방식을 쓰기도 한다. 다른 분야 트렌드와 비교하다 보면 의외의 프레임(규칙, 공식)을 발견할 수 있다.

한 때 패밀리 레스토랑이 인기였던 때가 있었다. 2000년대 초반 소득 수준이 높아지면서 가족 외식이 늘기 시작했고 이때 호황기를 겪었다. 이후 사람들 입맛이 다양화되고 해물과 한식을 전문으로 하는 뷔페도 생겨나면서 패밀리 레스토랑은 급격히 기울기 시작했다. 그리고 2010년부터는 SNS로 내가 먹은 음식이나 방문한 공간을 촬영해 자랑하는 문화가 생기면서 획일화된 프랜차이즈형 식당보다 독특한 분위기를 갖고 있거나 평소 접하기 어려운 음식을 요리하는 레스토랑 등이 인기를 얻었다. 즉, 외식업 트렌드가 킬러 앱 변천에 따라 움직였다고 할 수 있다. 카페와 블로그에서 SNS로 이어지는 과정이 패밀리 레스토랑이 지고 대형 카페로 바뀌는 과정과 맞닿아 있다고 해석할 수 있다.

무슨 서비스로 돈을 버나

난 서비스를 볼 때 꼭 두 가지를 살펴본다.

첫 번째는 서비스를 최적으로 구현하는 기술이 무엇인지 찾아보는 것이다. 카카오톡이 작동되는 과정에서 핵심적 기술이 무엇인지, 그 기술은 어디에 어떤 식으로 이용되는지, 만일 기술이 없으면 어떤 대안이 가능한지, 왜 꼭 그 기술이어야 하는지를 생각해보는 것이다. 카카오톡은 다양한 형태의 데이터 즉, 텍스트, 이모티콘, 이미지, 사운드, 영상 등을 전송하고 실시간으로 음성과 화상 대화를 하기 위한 메신저이다. 휴대폰 전화번호를 기반으로 운영되는 기존 SMS와는 다르게 IP를 기반으로 단말기 간 메시지를 주고받는다. 이때 카카오톡의 통신 프로토콜은 고유한 자체 기술을 이용한다. 반면 구글 행아웃은 개방형 프로토콜을 사용해 웹이나 PC, 스마트폰 등 다양한 기기에서 사용이 가능하다는 특성을 갖고 있다. 이처럼 똑같은 메신저이지만 그 안에 사용되는 기술은 다르다. 그러면 두 회사는 왜 다른 기술을 가지고서 비슷한 기능의 서비스를 내놓았을까? 이를 이해하는 것이 트렌드를 해석해 미래를 전망하는 또 다른 방법 중 하나가 된다.

두 번째는 실제 비즈니스로 넘어가 서비스를 운영하는 기업이 어떻게 돈을 버는지를 추적하는 것이다. 돈을 벌어다 주는 기술과 모델이 무엇인지 알면, 기업은 당연히 해당 기술에 더 많은 돈을 투자하기 마련이다. 이를 알고 있어야 다음이라는 기회가 생긴다. 실제로 기업에 돈을 벌어다 주는 서비스 모델은 외부에서는 잘 안 보일 때가 많다. 어떤 인기 있는 서비스가 있다면 실제 우리가 사용하는 것은 채 20%가 채 되지 않는다. 나머지는 실제로 한 번도 클릭해본 일이 없거나 모르는 경우가 부지기수다. 그래서 수익 모델을 추적하려면 일반적으로 대중이 잘 사용하지 않는 기능과 메뉴를 하나씩 찾아보아야 한다. 찾다 보면 유료 모델이나 수익 매커니즘의 단초를 발견할 수 있다. 서비스를 운영하는 회사의 홈페이지(사업 소개, 서비스 소개 등)를 잘 살펴봐야 하는 이유가 이 때문이다.

카카오톡 하면 누구나 쓰고 있는 서비스이기 때문에 다들 모르는 것이 없다고 생각한다. 하지만 카카오톡 내에서 제공되는 전체 서비스만 해도 20개가 훌쩍 넘는다는 사실을 알고 나면 다들 놀란다. 그러니 일반인들은 카카오톡이 무엇으로 돈을 버는지 잘 모른다. 카카오톡의 비즈니스 모델을 추적하다 보면 국내 대표 인터넷 기업이 어떤 수익 모델을 갖추고 있는지 그리고 비즈니스를 고도화하기 위해 어떤 기술에 역량을 투입 하는지도 알 수 있다. 이를 지금의 IT 트렌드라 생각하고 읽어도 무방하다. 실제로 카카오톡은 이모티콘을 사용자에게 판매해서 버는 B2C 유료 모델과 카카오 채널을 통한 B2B 광고 그리고 선물하기와 쇼핑, 패션, 메이커스라는 커머스 서비스를 운영하고 있다. 이를 보게 되면, IT 트렌드가 어디로 흘러갈지 향방이 손에 잡힌다.

정리해보자. 사람들로부터 큰 인기를 얻어 자주 사용되는 서비스가 있는데 우리가 돈을 내지 않고 쓰고 있다면, 이들이 돈을 어떻게 벌어 무료 서비스를 운영하는지 살펴보아야 한다. 한쪽으로는 무료 제공이지만 다른 한쪽에서는 유료 제공이라는 정책을 유지한다고 했을 때, 이들은 유료 제공에 더 많은 기술 투자를 할 것이다. 이는 곧 트렌드가 되어 사람들에게 무료로 제공될 확률이 높다는 것을 의미한다(이후 또 다른 유료 먹거리 개발에 나선다). 이런 서비스는 십중팔구 트렌드로 발전되어 우리 삶에 밀접한 영향을 끼친다.

지금까지(2부) 비즈니스 현장에서 일어나는 여러 현상에 주목하며 트렌드를 읽고 이를 비즈니스에 어떻게 응용할지를 생각해보았다. 가장 먼저 현장에서 뛰고 있는 스타트업과 기업간 인수

합병의 관찰 필요성에 대해서 얘기했다. 인기 상품이 된 이유를 다양한 관점에서 살펴보고, 사용자 리서치도 반드시 필요하다고 했다. 그리고 트렌드 세터라 할 수 있는 얼리어답터와의 협업 필요성도 설명했다. 실패한 기술과 성공한 앱에서 배울 수 있는 시장 가능성 즉, 기술보다 사업성이 먼저라는 것도 살펴보았다. 비즈니스 현장에 있다 보면 기술의 우수성과 진보성에 경도되어 시장의 목소리를 놓치는 일이 벌어진다. 반드시 이를 주의하며 사업 기회를 만들어야 한다.

3부

트렌드
읽기를 위한
나의 준비

14. 메모는 점이고, 점이 모여 트렌드가 된다

일상에서 읽은 다양한 정보를 여러 가지 방식으로 메모해둔다. 메모는 낱개의 점이지만, 메모가 쌓이게 되면 점과 점이 연결되는 선이 되고, 선을 모으면 면으로 발전한다. 면은 거대한 트렌드이다.

앞으로 어떤 기술과 서비스가 주목받을 것인지는 일종의 발견이 아니라 분석과 해석을 통한 논리적 도출이다. 그런데 그렇게 하기 위해서는 평소 여러 사람들의 의견, 시장 정보와 흐름을 잘 캐치하고 이를 내 생각으로 한 번 더 필터링하는 것이 중요하다. (수차례 반복했던 얘기다. 꼭 기억하자.)

메모와 정리로 점 찍기

새로 출시한 서비스, 기술, 상품이 앞으로 트렌드가 될 것인지 여부를 판단하는 것은 전문가마다 다르다. 각자가 수집한 정보가 다르고 더 나아가 각자의 경험, 시식, 인사이트가 다르기 때문이다. 하지만 개중에는 부족한 정보력임에도 불구하고 뛰어난 인사이트와 추론 능력을 바탕으로 상당히 일리 있는 미래를 그려 대중의 주목을 받는 경우도 있다. 물론 예측한 대로 트렌드가 흘러가면 좋겠지만 항상 그렇지만은 않다. 아무튼 남들보다 앞서서 세상을 읽으려면 스스로 논리적 가설을 세우는 힘이 반드시 필요하다.

앞서도 얘기한 바 있지만, 나는 1995년부터 IT와 관련된 글을 쓰기 시작해서 2000년에 IT 스타트업, 2005년에는 다음커뮤니케이션, 2013년에는 SK플래닛, 2018년부터는 SK경영경제연구소로 자리를 옮기며 사업 개발부터 테크 트렌드 연구까지 27년 동안 다양한 직무를 경험했다. 회사도 다르고 직무도 달랐지만 그동안 해온 일을 한 문장으로 요약하면 IT 트렌드를 이해하고 이를 전망하며 이에 발맞춰 필요로 하는 서비스와 제품을 기획 개발하는 일이라고 할 수 있다. 그런데 이 일을 하면서 마찬가지로 27년 동안 빼놓지 않고 한 것이 있는데, 바로 이번 글에서 얘기하고자 하는 바이다. 그것은 바로 메모와 정리 습관이다.

나는 1990년대에는 아래아한글, 2000년대에는 아웃룩 메모장, 그리고 2010년부터는 에버노트와 원노트를 이용해 메모를 이어오고 있다. 근 30년 동안 메모한 메모장에는 그 시대에 뜬 기술과 지난 기술, 트렌드가 될 것으로 예측했지만 그렇지 않고 사라졌던 수많은 기술과 서비스 등이 기록되어 있다. 기록은 내 관점으로 어디에서도 발견할 수 없는 온전한 나만의 지식이다. 내가 정보를 어떻게 해석하고 트렌드를 전망했는지, 정확한 판단을 할 수 있었던 근거는 무엇이고 반대로 실패했던 이유는 무엇인지 이 메모장만 잘 따져봐도 혜안(인사이트)이 나온다. 과거를 복기하면서 트렌드를 전망하는 일은 이런 방식으로 더욱 단단해진다.

NFT가 블록체인 기술을 활용한 주요 제품으로 트렌드 수준으로 올라서기 위해서는 어떤 요소가 뒷받침되어야 하는 걸까? 전기차 시대가 본격적으로 오게 되면 어떤 비즈니스 기회가 만들어질까? 구글 검색을 위협할 정도의 초거대 AI는 새로운 플랫폼이 될 수 있을까? 이러한 질문에 내 의견을 가질 수 있게 된 것도 그동안의 경험과 정보 수집 그리고 중간중간 떠오르는 생각들을 메모한 메모장 덕분이다. 뜨고 졌던 수많은 기술을 보면서나의 논리를 되돌아보고 지금을 이해하려는 시도 역시 메모장이있기에 가능했다. 이처럼 메모는 비단 IT 트렌드 읽기에만 필요한 것이 아니라 모든 영역에서 필요로 하는 업무 스킬이다.

선으로 연결하기

나는 1998년 팜파일럿이리는 PDA를 사용했고, 2000년에는 제이텔의 셀빅이라는 개인 정보 단말기를 이용했다. 당시 PDA를 이용하는 사용자는 극히 일부에 불과했다. 당연히 PDA는 트렌드가 되지 못했다. 그리고 2014년경에는 캐나다의 RIM이라는 회사에서 출시한 블랙베리를 이용했다. 블랙베리를 이용하면서 PDA를 이용할 때 느꼈던 불편함과 아쉬움이 온전히 해결되는 것 같아 히트 상품이 되고 트렌드가 되겠구나 확신을 했다. 블랙베리가 갖고 있는 2% 부족은 대수롭지 않게 생각되었다. 그러나 2007년 아이폰 1세대가 출시되고, 2008년 아이폰 3G 모델이 나오는 것을 보면서 그제야 진짜 큰 트렌드가 왔다는 사실을 깨달았다. 블랙베리가 트렌드가 될 거라는 내 생각이 틀렸음을 인정하지 않을 수 없었다. 당시 왜 나는 블랙베리가 트렌드가 되고 표준이 될 것으로 생각했을까? 더 큰 트렌드가 올 수 있음을 왜 깨닫지 못했을까?

최초의 아이폰은 많은 전문가로부터 혹평을 받았다. 하지만 왜 아이폰은 가능했고 블랙베리는 실패했을까? 나는 이를 알아보지 못하고 블랙베리를 설익은 기술이라고 판단하지 못하고 미래라고 생각한 이유는 무엇일까? 스마트폰 이전에 PC가 트렌드를 넘어 패러다임이 될 수 있었던 것은 여러 가지 용도로 무한대로 쓸 수 있었기 때문이었다. 아시다시피 PC로 게임도 하고, 문서 편집도 하고, 디자이너를 위한 그림 편집은 물론이고, 사무실에 필요한 회계 업무와 각종 데이터 처리도 가능했다. 음악을 듣고 영화를 보는 용도로도 쓸 수 있었고, 웹 브라우저를 설치해 검색, 메일, 카페, 블로그 등의 인터넷 서비스도 이용할 수 있었

블랙베리

다. 무한한 용도의 사용성은 결국 PC를 트렌드로 만들고 어느 집에나 하나씩 있는 물건으로 만들었다. PC를 중심으로 벌어졌던 일을 스마트폰에 적용해보면 PDA나 블랙베리가 트렌드가 될 수 없는 한계는 명확했다. PDA는 일정 관리, 메일 확인, 메모 등만 가능했고 블랙베리는 PDA보다는 낫지만 PC와 비교해보면 극히 제한적인 기능만 이용 가능했다. 하지만 아이폰은 1세대 때에는 지도, 음악, 촬영 등 15가지 기본 앱에 불과했지만 이후 2008년 2세대 아이폰이 출시되고 앱스토어가 본격적으로 열리면서는 PC

처럼 여러 용도로 사용할 수 있게 되었다. 이는 결국 모바일 트렌드를 만들었고 그 중심에 아이폰을 자리하게 했다.

선을 모아 면으로 만들기

점은 꼭 특별한 기기나 서비스에만 있지는 않다. 매일 같이 기록하는 메모도 점이 될 수 있다. 마찬가지로 이 점들을 계속해서 연결해 나가면 선이 되었다가, 나중에는 여러 선이 쌓여 하나의 면을 만들기도 한다. 이때의 면이 바로 트렌드를 전망하고 해석하는 논리이고 공식이다. PC와 스마트폰이라는 트렌드를 다시 회고해 본다면 새로운 디지털 디바이스의 출현과 이를 다양한 용도로 확장해서 사용할 수 있는 편리하고 유연한 OS 그리고 디바이스를 인터넷에 연결하는 최적의 네트워크. 이 모든 것이 하나의 점으로 나타났다가 서로 연결되면서 폭발력을 갖게 되었다. 특히 스마트폰의 경우 화룡점정의 역할을 한 것이 안드로이드로 대표되는 오픈성이었다. 만약 안드로이드 역시 개방보다는 아이폰처럼 폐쇄성을 선택했으면 어땠을까? 지금의 모바일 트렌드가 만들어졌을까? 아마 트렌드가 오는 것은 분명했지만 더디게 진행되었을 것이다. 그리고 여기에 한 가지 더, 4G LTE를 통해 무선으로 초고속 인터넷을 사용할 수 있게 된 것도 빼놓을 수 중요한 포인트다.

적어도 인구의 약 20% 국내 기준으로 약 1,000만대 정도가 팔려야 시장이 만들어진다. 이 정도 규모는 되어야 트렌드로 커질 수 있는 잠재력이 생긴다고 할 수 있다. 그런 점에서 볼 때 PDA나 블랙베리의 실패는 얄팍한 사용자층 때문이라고 할 수도 있다(국내의 경우). 그리고 여기에 디바이스와 관련해서 한 가지 의견을 더 보태자면, 누구나 사용하기 쉽게 만들어져 조작이 어렵지 않아야 한다는 것도 무척 중요하다. 이점에서도 PDA는 PC와 USB로 연결해야만 사용이 가능했고, 블랙베리는 컴퓨터를 닮은 복잡한 키보드 자판이 오히려 사용의 걸림돌이 되었다. 그리고 속도도 중요했다. 하나의 일을 수행하는 데 너무 많은 시간이 소요될 정도라면 사용성 측면에서 결코 좋다고 말할 수는 없기 때문이다.

지금까지 얘기한 이 모든 것이 각각의 점이다. 점이 많아질수록 선은 빨리 만들어진다. 그러니 어떤 점들이 생겨났는지 점의 크기는 어떻게 변해가는지, 무엇과 무엇이 결합되어 선이 되는지 주시해야 한다. 연결이 거듭 될 때 면이 되고 빅 트렌드가 된다. 이중 어느 하나만 부족해도 트렌드가 되지 못한다.

정리해보자. 점과 점의 연결 그리고 선과 면으로의 확장은 여러 수많은 기업과 시장의 사용자가 동시에 발맞춰 움직여야 가능한 일이다. 특정 기업 하나가 트렌드를 만들 수는 없다. 주도할 수는 있지만 누군가의 도움을 얻어야 한다. 이는 점과 점의 연결이라 할 수 있다. 그렇기 때문에 점을 기록하고 연결하는 시도를 수없이 반복해야 선이 어떻게 그어지는지 파악할 수 있다. 이는 궁극적으로 트렌드를 읽는 것으로 연결된다. 이때 점을 찍는 가장 기초적인 활동이 메모다.

15. 직접 써보는 것만큼 강력한 것은 없다

체험과 경험만큼 특정 트렌드를 이해하기 좋은 방법은 없다. 그리고 써보아야 비즈니스에 어떻게 응용할지 아이디어가 나온다. 트렌드를 읽고서 활용하는 인사이트를 얻지 못한다면 아무 소용이 없다.

백 번을 묻는 것보다 직접 한 번 체험해보는 것이 더 낫다. 모든 신기술을 직접 체험해볼 수는 없겠지만, 주목받을 만한 기술과 서비스라면 누구보다 빨리 체험하고 느껴보자. 그러면서 다른 사람과 내 생각은 어떻게 다른지 그리고 전문가와는 또 어떻게 다른지 따져보자.

직접 해보는 경험

2022년 12월 현대차는 임원들을 대상으로 테슬라 모델3와 모델Y를 60대 리스해서 한 달에서 3개월까지 사용해보도록 했다. 직접 내 차처럼 운전하면서 테슬라의 상품성과 경쟁력을 파악하자는 경영진의 의도였다. 테슬라에 대한 사용자 의견이나 리서치 결과, 기술적 차이 등을 종이 보고서로만 이해하지 말고 직접 몸으로 느끼고 경험해 보라는 지시였다. 자동차 시장에서 수십 년 동안 개발, 영업, 마케팅 등의 현장 경험을 갖고 있는 임원들은 무엇을 얻었을까? 아마도 페이퍼에는 나타나지 않은 여러 가지 것들을 확인했을 것이다.

2008년 다음커뮤니케이션에서 모바일 TF가 만들어졌다. 당시 TF 팀장을 맡은 나는 차세대 모바일 서비스 전략 수립과 기획을 위해 당시 국내에는 아직 출시되지 않은 아이폰 3G 모델을 미국에서 사와 체험부터 해보았다. 미국의 아이폰 사용자들이 리뷰한 글이나 기자들이 전하는 기사만으로는 부족한 10%를 직접 체험해보면서 채우고자 했다. 직접 경험해보니 역시 다른 사람 이야기로는 전해 들을 수 없는 나만의 느낌, 인사이트 같은 것이 스멀스멀 올라왔다. 아이폰에서 사파리를 이용한 웹 브라우징이 PC에서 인터넷 서핑을 하던 것과 어떻게 다른지, 앱이라는 프로그램이 PC 프로그램과는 어떻게 다른지, 아이폰에 탑재된 A-GPS(무선 GPS 통신망)를 활용할 때 얻을 수 있는 유용함은 무엇인지, 며칠 동안 휴대하면서 이것저것 이용해보면서 직접 느껴 보았다. 동시에 앞으로 우리가 준비해야 할 새로운 모바일 앱은 무엇이어야 하는지 그리고 이를 어떻게 개발할지도 고민했다. 그리고 기존의 PC 중심의 다음 서비스는 어떻게 바뀌는 게 좋을지도 생각해보았다.

스마트 홈을 구현하는 센서 중 하나인 문열림 센서는 알람 소리로 언제 문이 열리고 닫히는지, 현재 열린 상태인지 그렇지 않은지를 알려주는 기기이다. 그런데 SKT의 누구 스마트홈에서 제공되는 문열림 센서는 와이파이에서 작동되고, 헤이홈이라는 스타트업 제품은 직비(ZigBee)라는 무선 통신 방식으로 작동된다. 그래서 헤이홈의 경우 무선통신을 지원하는 스마트 허브를 별도로 이용해야 하지만 SKT의 누구는 단독으로 작동되기 때문에 별도의 부가 장치 없이도 쓸 수 있다. 이렇게 말로만 설명하면 이게 얼마나 큰 차이인지 알기 어렵다. 하지만 직접 체험해보면 다르다. 와이파이를 이용한 통신은 이미 쓰고 있는 공유기 등을 이용하면 되니 편리하다는 장점을 갖고 있다. 하지만 배터리 소모가 빠르고 사용하는 센서가 많아질수록 성능이 떨어지고 에러가 자주 발생한다. 게다가 공유기 교체라도 하게 되면 다시 설정해야 하는 불편도 따른다. 반면 직비 통신을 이용하면 배터리 사용 시간이 길뿐만 아니라 설정도 빠르고 와이파이보다 더 넓은 무선 대역폭을 지원한다. 그래서 거리가 먼 곳에 있는 제품과도 연결이 잘 된다. 이처럼 비슷한 기능을 하는 두 제품이지만, 사용된 기술의 차이는 제품의 사용성과 편의성에도 그대로 이어진다. 그래서 직접 써보지 않는 이상, 이 차이를 명확히 구분하기란 쉽지가 않다.

기술 체험을 좀 더 온전히 하려면 나 혼자만 사용하는 것으로는 부족하다. 여러 사람이 함께 사용하면서 경험해야 놓치는 것이 없다. 실제 서비스를 기획하고 개발하는 것도 마찬가지다. 여러 동료들과 함께 토의하며 만든다. 이때 내가 만드는 것이 앞으로 트렌드가 될 것임을 확신하며 개발에 임해야 하는데, 그러려면 당연히 앞서 선보인 기술이나 서비스 경험을 필수적으로 해보아야 한다.

다음에서 일할 때는 우리 TF팀원들은 모두 3G 무선 통신까지는 아니지만 와이파이로 모바일 서비스를 경험할 수 있는 아이팟 터치를 함께 사용했다. 그리고 2009년 말에는 1,000명이나 되는 전직원에게 아이폰을 지급해 모든 구성원들이 스마트폰을 직접 체험해볼 수 있도록 했다. 차세대 모바일 트렌드에 대한 믿음을 갖고 이에 동참하도록 직원들을 독려한 셈이었다. 당연히 직접 체험하면서 기획을 하면 서비스의 품질이 높아지는 것은 당연하다. 혼자만의 체험보다 함께하는 체험 속에서 서로 다른 생각과 내 생각이 합쳐질 때 더 나은 서비스 아이디어와 시사점이 도출된다. 서로가 가진 생각들이 비빔밥처럼 잘 섞여야 맛있어지는 것과도 같다.

경험 너머 인사이트

메타버스 사용에 필요한 VR, AR 기기는 종류도 다양하고 출시 역사도 오래되었다. 구글은 2014년 AR 기기인 구글글래스를 출시했고, MS는 2015년에 홀로렌즈를 출시했다. 그리고 페이스북이 인수한 오큘러스는 2018년에 퀘스트라는 VR 디바이스를 출시했다. 그리고 2014년 구글은 카드보드라는 DIY 키트를 개발했다(스마트폰을 이용해 VR 체험을 해볼 수 있는). 당연히 출시되는 모든 디바이스를 구해서 하나씩 직접 체험해보았다. 하지만 개인적으로는 VR, AR 시장이 아직은 멀었구나 하는 판단을 했다. 앞으로 메타버스 세상이 곧 도래한다고 했지만, 메타버스로 통하는 기기 이용은 아직 한참 멀었구나 하는 생각을 하지 않을 수 없었다.

그러던 중, 페이스북은 2020년 10월 오큘러스 퀘스트2를 발매하고 나서 회사 이름을 메타로 바꿔버렸다. VR 시장에 대한 진심을 보여주기에 충분한 조치였다. 많은 전문가들도 이제는 VR 세상이 도래되었다고 말하며 퀘스트2의 뛰어난 가성비와 성능을 칭송하기 시작했다. 그리고 메타버스 앱도 개발되면서 비즈니스 가능성에 내해 열띤 토론이 시작되었다. 시장의 분위기가 이러니 직접 체험해보지 않을 수 없었다. 그래서 재빨리 퀘스트2를 구해서 써보았다. 하지만 생각만큼 그렇게 대단하게 느껴지지는 않았다. 30분 이상 사용하면 머리가 아프고 땀이 났다.

조작 방식도 쉽지 않았다. 쉽게 적응할 수 있는 물건이 아니었다. 그러면서 의문이 들기 시작했다. 왜 메타는 2022년 한 해에만 13조 원을 써가며 VR 기기와 새로운 메타버스에 이렇게 공격적일까? 설익은 기술에 이렇게 진심인 이유는 무엇일까? 메타는 메타버스 세상(플랫폼)을 페이스북과 인스타그램의 다음 버전 즉, 디스코드나 틱톡 등을 뛰어넘는 차세대 SNS로 생각하고 있음에 틀림없었다.

2000년대 초를 호령했던 야후나 2000년대 말의 ICQ와 MSN 메신저 그리고 한국의 싸이월드와 네이트온. 이중 살아남아서 지금도 명맥을 유지하고 있는 서비스는 몇이나 될까? 거의 다 유명무실한 상태가 되었다. 그렇다면, 2010년대를 호령하고 있는 인터넷 서비스들이 2020년 이후에는 어떻게 될까? 계속 명맥을 유지할 수 있을까? 아니면 앞선 사례들처럼 소리소문없이 사라

오큘러스 퀘스트2

지고 마는 걸까? 이 질문은 이렇게 바꿔 다시 질문해 볼 수도 있다. 만일 페이스북이 인스타그램과 왓츠앱을 인수하지 않았더라면 지금의 위치를 고수할 수 있었을까?

인터넷 세상의 10년은 전통 산업의 100년 경험을 압축하는 것과 같다. 그만큼 경쟁은 치열하고 변화의 속도도 빠르다. 메타는 미래의 킬러앱을 지배하기 위해 서비스가 아닌 디바이스 그리고 디바이스를 이용한 차세대 플랫폼에 도전장을 내밀었다. 천문학적인 비용을 퀘스트 VR 디바이스와 메타버스를 위한 플랫폼 개발 그리고 호라이즌 등의 새로운 소셜 서비스에 투자했다. 그러므로 오큘러스 퀘스트2에 이어서 출시된 퀘스트 프로의 기기 자체의 성능과 편의성을 보기보다는 차세대 인터넷 서비스라는 관점에서 경험해보는 것이 더 중요하다. 그래서 퀘스트 기기에 호라이즌이나 스파티얼, 레크룸 같은 소셜 파티 앱을 설치해보고 체험해볼 때, 좀 더 올바른 분석과 전망이 나온다. 게임이나 동영상 재생만 하는 것이 아니라 회의나 협업 등으로 그리고 SNS로도 이용하며 분석해야 진짜 다음의 미래를 내다볼 수 있다.

정리해보자. 어떤 서비스나 제품을 직접 경험해보지 않고서 그것이 주는 가치를 100% 이해한다고 생각해서는 안 된다. 체험

만큼 중요한 분석은 없다. 앞으로 메타버스 세상이 될지 안될지, 초거대 AI의 서비스 편리성이 검색을 능가할 정도가 될지 말지도 결국 경험으로 판단한다. 다양한 경험을 할 때 좀 더 본질적인 인사이트 읽기도 가능하다. 미래의 모습은 우리가 어떻게 체험하느냐에 따라 달려 있다고 해도 틀린 말이 아니다.

16. 글 쓰고 강연하다 보면 정리가 된다

글쓰고 강연하는 것은 어떤 주제를 알리고 설득하는 방법이다. 타인을 설득하려면 단단한 논리와 내용 정리가 필요하다. 이를 위한 준비 과정이 트렌드 읽는 과정과도 크게 다르지 않다.

쓰고 말하고 전달하다 보면, 트렌드를 읽는 안목이 더 커질 수밖에 없다. 내 안의 생각을 더 단단하게 하고 구조화하기에 가장 좋은 방법은 타인에게 설명해보는 방법이다. 글로 그리고 말로 더 나아가 강연으로 타인을 설득해보면 생각은 더욱 치밀해진다. 타인을 잘 설득하기 위해 글 혹은 말로 정리하는 과정에서 논리가 더 단단해지고 더 큰 인사이트가 만들어진다.

글쓰기로 얻는 논리력

글은 오랜 시간 공들여서 생각하고 논리를 따진 다음 스토리로 풀어서 정리한다. 그만큼 뜸을 오래 들여야 하기 때문에 앞뒤 문장과 내용 전개 과정에 아귀가 맞아야 하고 전달하고자 하는 메시지가 한 방향을 가리켜야 한다. 글쓰기를 이렇게 하면 논리력과 정리하는 역량이 쌓이고 구조적인 사고를 할 수 있는 능력이 길러진다.

2022년경부터 IT 업계에서 키워드로 대두하고 있는 웹3는 일론 머스크를 비롯해 실리콘밸리의 전문가들 사이에서도 설왕설래 논란이 이어지면서 실체가 있다 없다, 신기루다 아니다 등의 다양한 논쟁을 불러일으키는 단어다. 사실 IT 트렌드를 좇는 입장에서는 새로운 키워드가 나오면 민감하게 반응하면서 긍정적으로 보려는 입장이 훨씬 강하다. 그래서 웹3를 찬양하는 기사와 전문가 의견에 마음이 더 가는 것도 사실이다. 그럼에도 웹3에 조금 더 나은 접근을 하고자 한다면 이런저런 자료와 기사들 그리고 오피니언의 글을 참고로 하고, 내 생각을 브런치와 블로그와 페이스북와 트위터로 올려 다른 사람의 반응을 지켜봐야 한다. 이때 글 쓰는 과정이 의견을 만드는 방법이 되고, 글에 대한 반응과 댓글이 의견을 디테일하게 조정하는 방법이 된다. 찬양 일색이나 무반응보다 부정적 코멘트가 내 논리를 더 단단하게 하는 밑알이 되므로 마음을 열고 부정적 댓글에 적극 반응해야 한다.

말하면서 정리하기

말은 글과 또 다르다. 말은 글과 달리 쉬어 가는 시간이 없다.

연속적으로 전개된다. 말하는 순간만큼은 이미 쏟아낸 말을 주워담을 수도 없고, 했던 말을 돌아보고 다음 말을 생각할 시간도 없다. 특히 발표나 강연 등이 그렇다. 길게는 한 시간 짧게는 10분의 시간 동안 말해야 하는 전체 내용을 실타래처럼 잘 풀어낼 수 있어야 한다. 그러려면 기본적으로 말을 하면서 내가 이미 한 말, 앞으로 할 말 등을 자연스럽게 연결하며 이끌어가는 능력, 청중의 반응과 눈빛을 보며 말하는 속도를 조정하는 등의 스피치 능력이 필요하다.

말이란 같은 주제라도 대상과 장소에 따라 내용 전개와 구성이 달라야 한다. 예를 들어, AI에 대한 내용을 발표하는 자리에서는 청중이 일반 대중이냐 IT 관련 기업의 경영진이냐 혹은 전통 제조업의 경영진이냐에 따라 달라진다. 또 강연의 목적이 AI에 대한 이해인지 실제 사업 현장에서 활용하고자 하는 것인지, AI의 미래에 대한 전망인지, AI가 가져올 사회 변화를 말하고자 하는 것인지에 따라 내용은 달라질 수밖에 없다. 그런데 이렇게 다양한 곳에서 말하는 것 자체가 내 생각을 여러 관점에서 고민해보고 이를 활용, 새로운 기획을 하는 데 도움을 준다.

5년 전, 금융기관과 핀테크 관련 스타트업 그리고 IT 전문가들 사이에서 치열한 논쟁이 빌어진 적 있다. 전통 금융사들은 핀테크 기업이 결국 수익 모델 없이 기존의 금융 인프라를 그대로 사용하고 이를 모바일로 바꾼 게이트웨이일 뿐이라고 평가절하했다. 반면, IT 전문가들은 현재의 미디어 시장을 전통적인 언론(신문 잡지 등)사가 아니라 인터넷 포털사와 빅테크 기업들이 지배하는 것처럼 미래 금융 시장도 핀테크 스타트업들이 차지할 것으로 호언장담했다. 그리고 핀테크 스타트업은 기존 금융사의 눈치를 보며 서로 상생의 생태계를 만들어갈 뿐 핀테크 서비스가 기존 금융의 대체재가 아님을 강조했다. 나 역시도 우리 회사의 입장을 대변하는 발언을 하고 타 회사의 발표를 들었다. 각자 다른 미래를 말하는 것 같지만, IT와 금융의 만남은 필연적이고 이를 수용하지 않으면 경쟁력을 잃게 된다는 공감대는 모두가 동일하게 갖고 있었다. 그러면서 각자의 입장에서 논쟁했다. 5년이 지난 지금 핀테크의 현주소는 어디까지 왔을까? 다양한 금융 상품을 AI가 만들고, 마이데이터 서비스로 내 돈(저축이나 연금 등)을 관리를 해주고, 동네마다 있던 지점은 하나씩 사라지고 온라인 중심의 서비스로 변해가고 있다.

혹자 중에는 이렇게 얘기하는 사람도 있다. 강연 준비를 하다 보면, 스스로 풀리지 않던 과제가 해결되고 아이디어가 떠오른다고. 이런 성향이 있는 사람은 일부러 강연 자리를 많이 만들어 그곳에서 쉴 새 없이 떠드는 방식을 일부러 채택한다. 뇌의 긴장

감을 최대로 끌어올리는 방식이다.

　　누군가에게 내 생각을 설명하기 위해서는 충분한 학습과 이해가 우선되어야 한다. 내가 잘 모른 상태에서 타인에게 이러쿵저러쿵 말할 수는 없다. 내가 무엇을 모르는지 파악하고 이를 보완하는 노력을 할 때 트렌드 뒤에 숨은 변화의 본질 읽기도 가능하다.

17. 끝없는 상상력, 마인드맵으로 체계화한다

수많은 정보 속에서 트렌드가 될 만한 정보를 골라내고, 이를 비즈니스로 승화시키려면 상상이라는 과정이 반드시 필요하다. 혁신은 상상 속에서 나오고, 상상을 현실로 만들어주는 것이 기술의 역할이다.

기술이 세상을 변화시키는 트렌드가 될지 아닐지는 이로 구현한 제품이 우리 일상과 사회에 어떤 변화를 가져다줄지 전망할 수 있어야 판단이 가능하다. 그런데 이런 전망은 상상과 몽상에서 나온다. 이를 좀 더 그럴듯하게 표현하면 끊임없는 가설과 가정으로 생각의 나래를 펼쳐 나가며 여러 경우의 수를 뽑고 이를 하나씩 제거할 때 구체화된다.

마인드맵으로 생각 정리

IT 트렌드 읽기는 앞으로 뜨는 기술 그 자체를 전망하는 것이 아니다. 기술로 개인의 일상과 사회 그리고 산업 구조가 어떻게 바뀌고 기업은 어떤 준비를 해야 하는지 진단하는 것이다(이 얘기도 몇 번씩 반복했다. 잘 기억하자). 그러려면 가능한 모든 것을 펼쳐 놓고 한눈에 볼 수 있도록 해야 한다. 이때 사용하기 좋은 툴이 마인드맵이다. 마인드맵은 주요 키워드를 나열하되 연관성이 높은 것끼리 연결하고 묶는 작업으로 한눈에 특정 주제(중심 키워드)가 보이도록 도와준다. 이때 키워드를 묶는 기준이 중요한데, 여러 관점으로 기준을 달리하면서 묶기를 해보면 평소 잘 보지 못한 새로운 흐름 추적이 가능하다.

10년 전 스마트TV의 미래를 고민할 때도 마인드맵을 그렸다. 크롬캐스트, IPTV, 셋톱박스, 유튜브, 애플TV, OTT, 리모콘 그리고 VOD, 온에어, 린백, 린포워드, 채널 잽핑, 추천 등 스마트TV 하면 떠올릴 수 있는 모든 것을 다 나열하고, 이들 키워드를 TV 연결법, TV 조작법, TV 콘텐츠, 시청자의 기대 등으로 분류해보았다. 이렇게 하다 보니 새로운 분류 관점이 보였다. 그리고 이 번에는 비즈니스 모델, 킬러 콘텐츠의 조건, 글로벌 경쟁력 등으로 새롭게 분류해보았다. 이런 기준(관점, 프레임)으로 분류하다 보니 스마트TV에 대한 모든 이슈가 한 눈에 들어왔다. 이처럼 마인드맵을 이용하게 되면 각각의 이슈를 재빨리 정리하고 다시 섞는 과정을 쉽게 해볼 수 있다. 그러면서 이 기술이 앞으로 트렌드가 될 것인지, 트렌드가 되는 과정에서 걸림돌은 무엇이고 핵심 요소는 무엇인지 등을 파악하는 데 도움을 얻을 수 있다.

기술 트렌드를 전망할 때 내가 자주 사용하는 관점 중 하나는 누가, 왜, 무엇을, 어떻게, 언제, 어디서 라는 5W1H 질문을 던지는 방법이다. 가장 기본이 되는 분류법으로 사용자 가치 기준 즉, 고객은 왜 기술을 수용하려는지, 고객의 사용자 경험에 기술이 어떤 가치를 줄 수 있는지 그리고 사용자의 어떤 불편을 해소해 줄 수 있는지 등을 묻는 방법이다. 스마트TV를 실제 이용하는 사람이라면, 기존 TV 시청과 비교해 무엇이 좋은지 그리고 유튜브와 넷플릭스 등의 콘텐츠를 태블릿이나 PC가 아니라 TV에서 볼 때 무엇이 유용한지를 생각해볼 수 있다. TV에 셋톱박스를 연결해서 보는 것과 스마트TV 내에 있는 앱을 이용하는 것 사이에도 무슨 차이가 있는지 생각해볼 수 있다.

상상을 끝없이 펼쳐보기

트렌드는 앞으로 벌어질 내일의 변화를 예측하는 것이다. 과거와 현재의 정보와 사실만으로는 미래를 그려 보기에는 한계가 있다. 그래서 상상을 덧붙여야 한다. 여기에 논리와 현실이 고려되면 창의가 된다. 어쨌든 시작은 막연하기 짝이 없는 공상에서부터다.

2000년대 PC와 웹이 막 보급될 때만 해도 휴대폰으로 택시를 부르고, 음식을 배달하고 나아가 내비게이션으로 쓸지 누가 상상이나 했을까? 2000년대만 해도 자동차가 스스로 운전하고 자동으로 주차되는 자율주행은 영화에서나 볼 법한 일이라고 생각했다. 하지만 2023년 지금은 이런 일이 곧 현실이 될 거라는 것에 아무도 의심을 보태지 않는다. 공상을 잘하려면 근거나 현실에 대한 고려 없이 일단은 꿈을 꿔야 한다. AI가 자동차에만 적용되는 것이 아니라 전자레인지, 로봇청소기, 냉장고, CCTV에 적용된다면 어떻게 될까? 만일 AI가 공장의 로봇을 넘어 일상 속 로봇으로 우리 옆에 온다면 어떤 일이 벌어질까? 인공지능이 우리 사무실의 업무를 도와준다면 어떤 편리함이 생길까? AI가 영화, 음악, 만화, 그림 등에 적용되면 어떤 변화가 만들어질까? 그렇게 공상을 하는 것에서 출발한다.

메타버스가 앞으로 어떤 트렌드를 만들 수 있을지 한 번 공상해보자. 공상에 도움을 주는 영화가 있다. 아마존 프라임 오리지널 드라마인 업로드, 더 페리퍼럴, 레디 플레이어 원, 써로게이트, 프리가이 그리고 넷플릭스의 블랙미러 시리즈 등이 메타버스를 상상하고 만든 작품들이다. 물론 10년 내도 아니고, 수 십년 뒤에나 일어날 일이지만, 이런 것들이 씨앗이 되어 미래가 만들어진다.

기술은 늘 우리가 예측하는 것보다 빠르게 발전한다. IBM의 딥블루라는 인공지능이 인간 체스 챔피언을 이긴 것이 1997년이고, 알파고가 바둑 고수를 이긴 것이 2016년이다. 그리고 인공지능으로 자율주행이 가능하다는 것을 선보인 것이 2021년이다. 이후 2022년 초거대 AI까지 나오기 시작하면서, 인간 지능을 닮은 AI도 곧 나오지 않을까 하는 기대도 한다. 지금의 기술로 내일을 전망한다는 것은 어찌 보면 이미 늦은 일인지도 모른다.

이성으로 필터링하기

이치에 맞는 전망으로 이어지기 위해서는 이성과 논리가 필요하다. 한마디로 근거를 제시할 수 있어야 한다. 기술이 실제할 수 있는 것 그리고 앞으로 발전되면 더 해낼 수 있는 것을 근거로 어떤 변화가 만들어질지 생각해야 한다. 그래서 기술 자체를 정확하게 사실적으로 이해하지 못하면 트렌드 전망도 사상누각일 뿐이다.

NFT가 크리에이터 경제(Creator economy, 인플루언서 경제라고 말하기도 함)를 활성화하고 메타버스 안에서의 거래 수단으로 사용될 수 있는지 전망하기 위해서는 NFT 기술을 정확하게 이해해야만 가능하다. 왜 창작자 경제와 가상 경제가 서로 궁합이 맞는 것인지 설명할 수 있어야 NFT의 다음을 전망할 수 있다. 암호화폐와 달리 발행된 NFT 별로 모두 가격이 다르다. 가격만 다른 것이 아니라 스마트 컨트랙트라고 하는 계약 사항을 기록할 수도 있다. 이두 가지 특징 덕분에 특정 자산에 연동되어 자산의 소유권과 사용권, 거래 규칙을 명시화할 수 있다. 게다가 여타 암호화폐처럼 거래 내역이나 현재 소유자에 대한 정보를 투명하게 확인하는 것도 가능하다. 이것이 NFT가 갖는 기술적 특성이다.

기술을 활용해 무엇을 할 수 있을지는 상상의 영역이다. NFT로 아바타나 디지털 아이템을 연결해 디지털 자산 거래를 하거나, 복제해서 사용하지 못하도록 저작권 강화에 쓸 수도 있고, 위스키나 보석 등을 NFT화 하여 제2의 저작물을 보증하는 데 이용할 수도 있다. 또한 특정 기업이나 기관이 같은 종류의 NFT를 여러 개 발행한 다음, 이를 소유한 사람들을 모아서 커뮤니티화하고 멤버십 관리를 하는데 이용할 수도 있다.

일단은 마구마구 상상하면서 다양하게 꿈꿔보는 것이 핵심이다. 그런 다음 이를 뒷받침할 수 있는 근거, 해설, 논리, 사례를 찾아보면 된다. 만약 그 과정에서 지구 반대편의 누군가가 이미 사업화하고 서비스한 사례를 발견한다면 이보다 실제에 더 가까운 트렌드 전망은 없다.

오늘 애기를 정리해보자. 새로운 IT 기술이 트렌드가 되려면 상상력이 필요하다. 상상 가능한 것, 고려 가능한 것 등을 모두 펼쳐 놓고 하나씩 따져보고 분류한다. 마인드맵을 이용하면 이를 좀 더 편리하게 할 수 있다. 그런 다음 다시 냉정하게 이성의

잣대로 구분 짓는다. 여기에서 현실성과 사업성이 드러나고 진짜 우리가 받아들여야 할 것, 빠르게 움직여야 할 것 등이 구분된다.

18. 틀린 전망, 회고하면서 오답 노트를 써본다

회고 없는 예측은 없다. 왜 그때는 정확하게 읽지 못했을까? 트렌드가 되기 위해서는 무엇이 필요했을까? 이런 것들을 하나씩 회고하고, 예측이 틀렸던 이유를 정리하는 것은 다음을 정확히 보기 위한 오답 노트 작성과 비슷하다.

구글 글래스가 처음 출시되었을 때 안경을 통해 실제 물건이나 공간 위로 디지털 정보가 둥둥 떠다니는 AR 기술에 환호했다. 그리고 미래 기술 트렌드로 자리 잡을 것이라고 확신했다. 사실 고백하자면 그 이전에 2010년 스마트폰 앱에서 건물을 비추면 부동산 시세 정보가 보이는 앱에도 찬사를 보냈다. 이게 앞으로 대세 트렌드가 될 것으로도 생각했다. 하지만 결과는 모두 오판이었다.

오판의 원인

프리챌과 싸이월드의 경쟁에서 누가 살아남게 될까? P2P의 소리바다와 스트리밍의 멜론 중 어떤 서비스가 시장을 지배할까? 네이트온과 카카오톡의 경쟁에서 누가 메신저 시장을 주도

할까? 마이스페이스닷컴과 페이스북의 최종 승자는 누가 될까? 네이버와 다음 중 포털 서비스의 패권은 누가 거머쥘까? 이 질문들은 모두 IT 트렌드를 전망하거나 탐색하면서 해왔던 질문이다. 그런데 과연 매번 정확하게 예측해왔을까? 지금은 너무나도 당연한 것으로 알지만, 질문했을 당시 지금의 결과를 100% 예측한다는 것은 불가능했다.

틀리게 답한다는 것은 어찌 보면 당연한 일이다. 대신 우리가 중요하게 챙겨야 할 것은 잘못 판단한 이유다. 이를 철저히 분석하지 않으면 안 된다. 동시에 내가 매번 비슷한 포인트에서 잘못 짚었다면 같은 실수를 반복하지 않도록 기억하는 것도 중요하다. 앞서 얘기한 적 있는 클럽하우스(오디오 플랫폼)가 잘 될 거라는 오판은 내가 한 우물에 너무 갇혀 있어서 생긴 일이다. 갖고 있던 상식이나 고정관념 그리고 내가 만든 과거의 공식을 너무 신뢰한 나머지 결과적으로 잘못된 판단을 했다. 나 스스로 서비스에 너무 열광하다 보니 사용하지 않는 사람들의 이견이나 반응을 체크하지 못했고, 확신이 실패할까 두려워 굳이 이용할 이유가 없었음에도 의도적으로 자꾸 들여다보면서 서비스에 매몰되었다. 결과적으로 돌이켜보면 썰물처럼 빠져나간 사람들의 느슨한 결속력을 미처 발견하지 못했다.

2010년 아이폰 출시 이후 AR 기능을 활용해 부동산 정보나

근처 커피숍 등의 맛집 정보를 제공하는 화려한 UI의 LBS(Local Based Service)를 찬양한 적도 있다. 새로운 트렌드가 될 것으로 전망하기도 했다. 그리고 포스퀘어라는 위치 기반 커뮤니티 서비스에 대해서 장밋빛 전망을 하기도 했다. 기존의 웹에서는 도저히 꿈꿀 수 없는 스마트폰의 A-GPS(위치 측위 기술) 덕분에 그동안 없던 서비스가 될 것임을 의심치 않았다. 하지만 20년이 지난 지금, 여전히 AR이나 위치 기반의 서비스는 트렌드라 부르기에 창피할 정도로 보편적 서비스가 되지 못했다. AR보다는 VR 그리고 LBS보다는 모빌리티가 트렌드가 되었다. 그 이유는 무엇일까? AR에 대한 과장된 해석은 화려한 기술에 현혹되어 실질적이고 현실적인 사용자 가치를 외면했기 때문이다. AR은 겉보기에는 화려하지만 속도가 느리고 한눈에 정보를 습득하기 번잡하다는 단점이 있었다. 그리고 LBS는 사용자 니즈 측면에서 절실하지 않았다. 사람들은 건물, 상가 등 위치를 탐색하고 관련 정보를 보는 것은 순간이고 그곳에 가서는 카카오톡, 페이스북, 인스타그램 등으로 사람들과 대화하는 것을 더 오랜 시간 즐겼다. 여기에 LBS 기술이 들어갈 틈바구니는 없었다. 한 마디로 AR은 기술 이전에 사용자 가치를, LBS는 사용자 니즈와 경쟁 서비스의 출현을 종합적으로 보지 못했다.

다시 전망한다면

오판의 이유를 짚어 보았다면, 다시 그때로 돌아가 어떻게 하면 좋을지도 한 번 생각해보자. 이미 결론이 난 사안에 대해 지금 다시 시뮬레이션하는 게 무슨 도움이 될까 싶겠지만, 그때 만약 이런 조건이었다면 성공했을 것이다, 이렇게 되짚어 보는 것은 앞으로 새로운 서비스나 제품 기획에 도움이 된다.

2014년 11월에 아마존은 알렉사라는 인공지능 비서를 탑재한 스마트 스피커 에코를 출시했다. 2년 후에는 구글이 구글홈이라는 스마트 스피커를 출시했다. 여기에는 구글 어시스턴트라는 AI가 탑재되었다. 국내에서도 2016년 말부터 SKT 누구를 시작으로 카카오, 네이버 등에서 스마트 스피커를 잇달아 출시했다. AI 시대가 개막되는 듯했다. 컴퓨터, 스마트폰, 태블릿에 이어 제3의 디바이스인 스마트 스피커가 가정을 장악하고, 프런트 AI 시대가 본격적으로 개막될 것 같았다. 이미 사물 인터넷 기기로 스마트홈이 구현되는 상황에서 트렌드는 자연스럽게 AI 어시

알렉사가 탑재 된 에코

스턴트로 넘어갈 것 같았다. 급기야 나는 2020년 6월 『인공지능과 인간의 대화』라는 책까지 내기도 했다. 웹, 모바일에 이은 세 번째 패러다임으로 인공지능이 될 것으로 생각해서였다. 하지만 이러한 생각은 2022년 11월 아마존이 알렉사 사업부 인력을 축소하고 구조조정에 들어가면서 또 한 번 잘못된 생각임을 자각하게 되었다.

사실 스마트 스피커는 지난 8년간 상당한 기술적 진보가 있었던 것은 사실이다. 스피커의 외형도 다양하게 진화되었고, 디스플레이가 있는 스마트 스피커도 출시되었으며, 아마존의 경우 스킬 스토어라고 앱스토어를 만들어 여러 종류의 앱들을 사용하는 생태계도 만들었다. 그리고 당연히 AI 어시스턴트에 등록해 음성으로 제어할 수 있는 각종 전자 기기와 조명, 보안 기기 등도 함께 출시했다. 아마존뿐만 아니라 삼성전자, LG전자 같은 제조사와 빅테크 기업들 그리고 자동차 회사에서도 관심을 쏟고 시제품을 만드는 등 경쟁에 뛰어들었다. 하지만 트렌드가 되지는 못했다.

그렇다면 AI 어시스턴트가 트렌드로 자리매김하려면 어떠한 조건들이 뒷받침되어야 했을까? 지금 생각으로는 AI 어시스턴트를 스마트 스피커로만 너무 집중해서 들여다본 것이 큰 패착이 아니었나 싶다. 스피커가 음악만 듣는 기기가 아니라 날씨, 일정, 뉴스 등을 알려주고 집안의 조명을 켜고 끄는 등의 다양한 역할로 사용될 수 있었지만 사용자는 그것을 제대로 이용하지 않았다. 어디까지 기능이 지원되는지 잘 알지 못했고, 스피커를 호출해 필요한 명령을 음성으로 내리는 것 자체를 번잡스럽게 생각했다. 게다가 AI 어시스턴트를 호출하고 명령을 정확하게 전달하는 음성인식 기술 자체도 완전하지 않다 보니 사용자에게 실망만 안겨주었다. 결과적으로 실제 스마트폰 앱을 이용하는 것보다 원하는 정보를 얻는 데에 시간이 더 걸렸다.

스마트 스피커라는 새로운 기기를 직접 개발하고 판매하는 방식을 따르기보다는 기존의 스피커 제조사나 냉장고, 에어컨, TV 등의 가전 제조사의 기기에 AI 어시스턴트를 제공하는 방식이었으면 어땠을까? 마치 구글이 안드로이드라는 모바일 OS를 삼성전자 등의 스마트폰 제조사에 제공하고 직접 독자적인 스마트폰 개발은 최소화하는 것처럼, AI 어시스턴트의 시장도 그렇게 접근하는 것이 비용을 최소화하면서 보급을 확산하는 방법이었지 않나 싶다. 더 나아가 기존의 기기(스피커)가 아닌 전혀 다른 플랫폼에서 AI 어시스턴트의 기회를 엿봤다면 성공 가능성이 더 높지 않았을까도 생각해본다.

전망은 모두 다르다

2021년 핫 한 키워드로 대두한 메타버스. 그런데 메타버스에 대한 전망은 전문가마다 조금씩 달랐다. 메타버스에 대한 정의도 다르고 메타버스 시대가 언제쯤 도래할 것인지 보는 시선도 달랐다. 또한 메타버스 관련 기업을 어떻게 구분하고 선정하는지 기준도 달랐다. 이처럼 서로 다른 전망을 할 수밖에 없는 이유는 무엇일까?

메타버스가 이미 코앞에 와있다는 전문가, 앞으로 3년 이상은 걸린다는 전문가, 허상일 뿐 트렌드가 될 수 없다고 지적하는 전문가. 이들이 서로 다른 전망을 하는 가장 결정적인 이유는 메타버스에 대한 정의가 서로 달랐기 때문이다. 이미 코앞에 와있다고 전망하는 사람은 포트나이트, 로블록스와 같은 게임 그리고 제페토와 이프랜드 등의 서비스를 모두 메타버스라고 정의한다. 가상 세계 속에서 아바타를 통해 사람들과 만나고 소통하는 방식은 이미 현실 속으로 들어와 있다. 혹자는 10년 전 싸이월드 혹은 그보다 훨씬 이전의 세컨드라이프와도 크게 다르지 않다고 말하기도 했다. 또 어떤 누군가는 메타버스가 웹, 모바일이 아니라 실감형 기술, 가상의 경험을 뜻하는 기능적 용어일 뿐이라고 말하기도 했다. 그런데 만약 메타버스를 위의 두 가지 방향으로 해석한다면 메타버스는 마케팅 키워드이자 기능 요소에 불과하므로 트렌드라 부르기는 어렵다. 반면 별도의 AR, VR 기기 같은 제3의 디바이스를 이용해서 새로운 인터넷 환경을 경험하는 것을 메타버스라고 한다면, 이들에게는 기기가 보급되는 시점이 곧 메타버스가 자리 잡을때까지 걸리는 시간이라고 보고 적어도 3년 이상의 시간은 필요하다고 말한다. 이처럼 각자의 전망은 용어의 정의에서부터 차이가 나고, 구체적인 근거나 사실에 대한 해석도 각각 다르다.

정리해보자. 트렌드를 100% 완벽하게 예측하는 것은 불가능하다. 우리는 계속해서 헛다리를 짚는 식으로 틀린 전망을 해왔다. 이는 정상적인 것으로 이때 우리가 해야 할 일은 잘못된 예측을 하게 된 이유를 찾는 것이다. 그리고 이를 잘 기억했다가 다음번에 같은 실수를 반복하지 않는 것이다.

지금까지(3부) 트렌드를 잘 읽기 위해 내가 평소에 해야 하는 일을 스킬 형태로 정리해보았다. 먼저 메모하기가 있었고, 체험하기가 있었다. 그리고 생각을 정리하는 방법으로 글을 쓰고 강연을 하는 방법, 마인드맵을 이용하는 방법이 있었다. 그리고 마지막은 과거를 돌아보며 내가 했던 예측을 회고해 보는 방법이었다. 꼭 예측했던 무엇이 아니더라도 그때 유명했던 서비스는 왜 인기가 있었고, 왜 지금은 사라졌는지 원인을 따져보는 것도 좋다.

이제 본격적으로 내가 읽은 트렌드를 비즈니스에 적용하는
방법에 대해 알아보자.

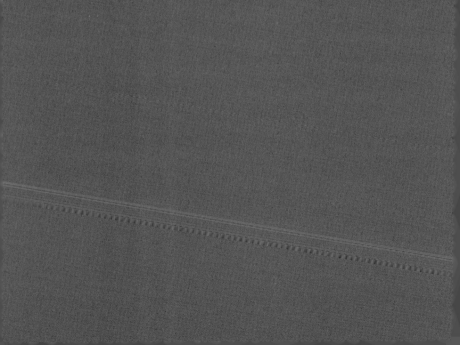

4부

IT 트렌드를
비즈니스로
연결하기

19. 패러다임 전환 공식, 빈칸 넣기를 해본다

지난 30년 동안 크게 세 번의 패러다임 변화가 있었다. 세 번 모두 하드웨어-네트워크-소프트웨어가 동시에 혁신되었다. 패러다임 전환은 이때 일어난다. 비즈니스 기회도 이때 열린다.

역사는 반복된다. 1990년부터 지난 30년 동안 10년을 주기로 총 세 번의 패러다임 전환이 있었다. 간단히 얘기해 PC통신, 웹, 모바일로 이어지는 변화다. 그런데 이 변화를 잘 살피는 것만으로도 앞으로 다가올 새로운 패러다임을 예측하는 데 도움을 준다. 과거에 있었던 세 번의 전환은 자세히 뜯어보면 기술, 서비스, 비즈니스 세 가지에서 비롯되었다. 여기서 기술은 시장 관점에서의 변화, 서비스는 사용자 관점에서 고객이 얻게 되는 가치와 경험의 변화, 비즈니스는 기업 관점에서의 돈 버는 모델의 변화를 일컫는다.

IT 역사

1990년대의 인터넷은 PC통신이라 불리던 제한된 초기 인터넷이었다. 하이텔, 천리안, 나우누리 라는 이름으로 시작되었는데, 각 서비스는 상호 호환되지 않았고 개별적으로 작동했다. 지금의 KT가 운영하던 하이텔과 LG텔레콤이 운영하던 천리안은 사용법이나 메뉴 구성에서 완전히 달랐다. 또, 월 가입비를 내고 여러 인터넷 메뉴를 사용하는 유료 서비스였다. 그러다 밀레니엄이 되는 2000년이 되면서 두 번째 인터넷 세상이 열렸다. www로 대표되는 웹의 시작이었다. 웹은 누구나 무료로 사용할 수 있고, 상호 연결되는 열린 인터넷을 지향했다. 그러다 다시 2010년대가 되어서 스마트 폰이 등장했고 아시다시피 모바일 시대가 열렸다. 3번째 인터넷 세상이었다. 모바일은 잘 알다시피 앱으로 여러 프로그램이 구동되었고, 초기 PC통신 때처럼 서로 호환되지 않는 닫힌 구조를 갖고 있었다. 일부 앱은 유료로만 이용할 수 있었고, 앱끼리 서로 연동이 되지 않았고, 개별적으로 동

PC통신

작했다. 지금까지도 이 기조는 크게 바뀌지 않았다.

10년마다 있었던 세 번의 변화는 아시다시피 우리 사회를 크게 바꾸고, 비즈니스 승자를 바꾸는 식의 큰 패러다임 변화를 가져왔다. 세 번의 변화에는 어떤 공통점이 있고 어떤 차이점이 있는 걸까? 이를 잘 파악하는 것만으로도 네 번째 변화를 유추하고 전망하는 데 큰 도움을 얻을 수 있지 않을까?

변화의 공식 발견하기

세 번의 변화를 보면서 반복되는 규칙이 있는지 살펴보자. 그런 다음에 각각의 수익 모델은 무엇이고, 핵심 기술은 무엇인지, 또 어떤 구성 속에서 동작했는지 따져보자. 그리고 사용자 관점에서도 세 번의 변화가 각각 어떤 기기, 통신망, 소프트웨어를 이용했는지 살펴보자. 역사 속 큰 변화 과정을 쫓아가다 보면 다음 트렌드를 전망하는 데 도움이 되는 공식 같은 것을 발견할 수 있다. 내가 얻은 공식은 다음과 같다.

첫 번째는 역사는 반복된다는 것이다. PC 통신이 닫힌 구조였다면, 웹은 열린계였고, 모바일은 다시 닫힌계다. 모바일 다음으로 메타버스가 된다면 다시 열린계가 될 가능성이 높다. 두 번째는 하드웨어-네트워크-소프트웨어 이 세 가지의 구성 요소가 짝을 이룰 때 패러다임이 바뀐다는 것이다. PC통신 시절에는 '조립 컴퓨터-모뎀-도스', 웹이 등장하고부터는 '멀티미디어 컴퓨터-초고속 인터넷-윈도우', 모바일 시대에서는 '스마트폰-LTE(4G)-안드로이드(iOS)'로 구성되었다. 만약 이 패턴을 그대로 생각해 네 번째 변화로 메타버스로 상정한다면 'MR(VR/AR)-5G-Cloud OS'정도가 된다. 하드웨어에서 네트워크 그리고 소프트웨어로 이어지는 이 연계가 적절하고 무리가 없다고 생각된다면 메타버스는 거대한 패러다임의 전환을 몰고 올 것이고, 반대로 그렇지 않다면 잠깐 유행하는 정도로 끝나거나 더 많은 시간을 필요로 할 것이다. 그리고 한 발 더 나아가 최근 화두가 된 AI(LLM, AGI)까지 고려한다면 또 어떻게 구성될까?

짧지만 IT 역사를 잠깐 훑어보며 중요한 변곡점이 될 수밖에 없는 세 가지 요소(기술)를 살펴보았다. 하드웨어-네트워크-소프트웨어의 세 가지 관계는 거대한 변화를 만드는 촉매제 역할을 한다. 각각의 기술이 비슷한 시기에 출연해 서로를 필요로 하며 새로운 상품이나 서비스가 출연할 때 우리는 패러다임의 전환을 목도했다. 다음 패러다임은 무엇이 될 것이며, 이때의 세 가지 요소는 각각 무엇이 될지, 빈칸을 두고서 계속해서 떠오르는 IT 기술을 넣었다 뺐다 하는 상상을 해보자. 그 과정에서 트렌드를 읽는 혜안이 나오고, 어떤 사업 준비를 해야 할지 알게 된다.

20. 전통산업의 xTech를 상상해본다

전통산업이 IT를 만나 변화의 바람을 만들고 있다. 아직도 디지털 기술을 필요로 하는 전통 산업이 많다. 이들에게 필요한 것은 상상력이다. 상상력이 더해지면 새로운 비즈니스로 연결된다.

앞으로 10년을 잘 이해하려면 지난 100년의 과정에 주목해야 한다. 기술의 시작은 사람이고, 사람들이 속한 기업에서부터 시작된다. 그래서 오랜 세월 사람들로부터 사랑받고 인정받은 기업의 역사를 살펴보게 되면 이들이 지금까지 경쟁력을 유지할 수 있게 된 이유를 찾을 수 있다. 지금부터는 전통 산업으로부터 트렌드를 읽는 방법을 알아보자.

전통 산업 100년은 IT에서의 10년

삼성전자, LG전자, 현대자동차 그리고 SK, 국민은행 등 국내외 대표적인 전통 기업의 역사는 반세기를 넘어 100년을 내다보고 있다. 이들 기업은 오랜 기간 생존해오면서 사업 규모를 키워왔다. 변화하는 사회상에 맞춰 새로운 역량을 만들고 투자와 혁신을 이어왔다. 그런데 디지털 세상이 되고부터는 이들 대기업 조차도 따라가기 힘들 정도로 변화의 속도가 빨라졌다.

20년 전 컴퓨터와 지금의 컴퓨터만 비교해봐도 변화의 속도가 쉽게 유추된다. 2000년대 초반의 컴퓨터보다 지금의 스마트폰 속도가 훨씬 빠르다. 20년 전 범용적으로 사용하던 하드디스크와 지금의 USB 메모리 용량을 비교해봐도 격세지감을 느낄 수 있다. 20년 전에는 하드디스크가 100GB였지만 지금은 40배가 넘는 4TB 저장 용량을 지원하는 하드디스크가 일반적이다. 그리고 가격적으로도 100GB 하드디스크보다 지금의 4TB가 더 싸다. 이뿐만이 아니다. 휴대폰에 카메라가 탑재되기 시작했을 때에는 고사양 핸드폰에서나 볼 수 있고 그마저도 화질이 떨어져 기존의 사진기를 대체할 정도는 아니었다. 하지만 지금은 카메라 스펙은 물론이고, AI 기술이 활용되어 일반 카메라로는 흉내조차도 낼 수 없는 성능을 발휘한다. 이처럼 기술은 기존 산업의 변화를 앞당기는 역할을 한다.

멀리 갈 것 없이 내가 일상적으로 쓰고 있는 물건이나 서비스 등이 IT 기술을 만나 어떤 변화 과정을 겪었는지 그리고 겪고 있는지 살피는 것만으로도 트렌드 읽기를 충분히 할 수 있다. 만화가 웹툰으로, CD가 스트리밍 음악 앱으로, DVD가 OTT로, 사진관이 클라우드 사진 앱이나 인스타그램 등으로 바뀌는 과정에서 해당 콘텐츠 산업이 어떤 변화를 겪었고, 비즈니스 모델은 어떻게 전환되었으며, 어떤 기술이 사용되었는지 깊게 들여다볼 수 있다.

xTech

xTech는 특정 산업 분야가 디지털 기술로 혁신하는 것을 일컫는다. 네이버페이, 카카오뱅크, 토스 등과 같은 금융 앱들이 만들어내는 금융업의 혁신을 핀테크(Fintech)라 하고, 교육은 에듀테크(EdTech), 의료는 바이오테크(BioTech), 건강은 헬스테크(HealthTech), 부동산은 프롭테크(PropTech)라고 부른다. 지금은 전통 산업별로 기술 혁신이 전방위적으로 이루어지고 있다.

xTech 기업을 산업별로 들여다보면 공통적으로 사용되는 기술이 시기별로 있었음을 알 수 있다. 일례로 2010년 전후로는 데이터 기반의 기술이 범용이었고, 2010년대 후반기부터는 AI가 화두였다. 그리고 최근에는 블록체인 기술이 뒤를 잇고 있다. 블록체인으로 구현한 암호화폐, 토큰과 가장 밀접한 연관성이 있는 핀테크를 한 번 살펴보자.

금융업에서의 기술 혁신은 어제오늘의 일이 아니다. 이미 20년도 훨씬 전부터 ATM과 텔레뱅킹 등이 혁신의 일환으로 도입되었고, 그 이전부터는 오프라인 매장에서 신용카드나 캐시카드를 이용해 결제가 가능한 VAN 단말기도 도입되었다. 결제 방식의 진화에 따라 인증과 보안에 대한 기술 또한 계속 업그레이드되었다. 그런데 왜 갑자기 2010년부터 핀테크라 하며 호들갑을 떨게 되는 걸까? 그것은 금융업 주도가 아닌 IT 기업과 스타트업 중심으로 금융업의 기술 혁신이 시작되었기 때문이다. 즉, 안에서의 혁신이 아니라 밖으로부터 혁신이 진행되다 보니 그 규모나 속도 그리고 변화폭이 거셌다. 즉, 보수적 적용이 아니라 아주 적극적 적용으로 기술을 받아들였다.

실제로 스마트폰에서 핀테크 기업(토스, 카카오뱅크, 네이버페이 등)의 서비스를 이용해보면 예적금 가입이나 보험 가입이 훨씬 간편해졌고, 결제 서비스도 한층 쉬워졌다. 이뿐만이 아니라 생체 인증과 빅데이터, AI, 클라우드 등의 기술로 사용자와 기업 모두에게 신뢰할 수 있는 수준의 보안 솔루션도 제공되었다. 그리고 사용자의 다양한 금융 데이터를 통합하고 분석하는 마이 데이터 서비스도 제공되었고, 분석 결과에 따라 금융 상품을 추천하는 알고리즘도 개발되었다. 이처럼 xTech에 해당하는 기업들이 산업의 변화를 어떻게 이끌어 왔는지 살펴보게 되면, 기술이 타산업으로 어떻게 적용되어 변화를 만드는지 점쳐볼 기회를 얻을 수 있다. 아직 혁신이 이뤄지지 않은 전통 산업에서 IT 기술이 줄 수 있는 영향을 따져보는 방법이다.

전통 산업에 주는 영향

우버가 처음 등장했을 때 주의 깊게 본 것은 우버 앱이나 저변에 깔린 데이터 기술이 아니라 우버 서비스가 미치는 운송 산업에 대한 영향이었다. 우버는 법인 택시 사업자가 운전 기사를 모아 전화 콜을 받으면 기사와 차를 출발지로 대령하는 것을 모바일로 구현한 것에 불과했다. 그러나 한 가지 다른 점이 운전자가 일반 택시 면허증을 가진 택시 기사가 아니라 차를 운전할 수 있는 '누구나'라는 점이었다. 우버는 택시 사업자처럼 차량을 사고 기사를 고용하고 그럴 필요가 없었다. 운전 기사 역시도 자신이 일하고 싶은 시간에 승객의 콜을 받아 이동 서비스를 제공하고 보수를 받으면 그만이었다. 우버는 이러한 매칭 서비스를 제공하고 30% 이내의 수수료를 가져갔다. 그런데 우버의 영업 행위는 결과적으로 택시 사업자들이 하던 것과 비슷했고, 이는 결국 여러 운송 단체의 반발을 불러일으켰다.

한국에서는 아무나 운전자가 되어 사람을 실어 나르는 운송업을 할 수 없다(불법이다). 한때 우버블랙이라고 우버가 렌터카 업체의 차량을 가지고서 자신들이 고용한 계약직 직원을 이용해 운송 서비스를 제공해 보려 했지만, 이마저도 자가용·렌터카의 유상 운송 알선 행위로 판단되어 금지를 당했다(2015년 6월 개정된 여객자동차법에 저촉). 이후 법적 테두리 안에서 우버가 아니라 타다라는 서비스가 다른 기업에서 새롭게 나왔지만 이 역시도 결국에는 택시 사업자들의 강한 반발에 부딪혔고, 법정 공방이 있었지만 결국에는 2020년 3월 '여객자동차법 개정안' 법이 추가로 가결되면서 종결되었다(현재는 법적 테두리안에서 일부 프리미엄 서비스만 이용할 수 있다).

우버와 타다 문제는 한때 우리 사회를 뜨겁게 달구었던 주제로 지금 여기서 누구 말이 맞고 틀리고를 얘기할 필요는 없다. 기술을 이해하고 트렌드를 읽는다는 점에서는 소용없는 논쟁이다. 우리가 핵심적으로 봐야 할 사항은 결국 기존의 택시를 이용하던 승객이 느낀 불편한 경험이 타다나 우버에서는 어떻게 해소되어서 인기를 끌었으며, 이를 가능하게 한 기술과 비즈니스 모델이 무엇이었나를 확인하는 것이다. 그리고 왜 기존 사업자들은 이를 활용하지 못했느냐를 생각해보는 것이다. 왜 작은 스타트업이 기존의 기득권 가진 회사들에 비해 기술을 더 잘 활용하고 더 나은 고객 경험을 제공할 수 있었던 걸까? 무엇이 그 차이를 만든 걸까? 이러한 질문에 트렌드가 될 수 있느냐 그렇지 못하느냐에 해당하는 답이 있다.

우버나 타다가 승객들에게 호응을 얻게 된 것은 승객과 운전자의 스마트폰에 있는 GPS 기능을 이용해 지도 위에서 서로의 위치를 보여주고, 모바일 간편 결제를 통해 쉽고 빠르게 결제를 하도록 했기 때문이었다. 그리고 사용자 이력 데이터를 수집하고 분석해 언제 어디에서 어느 정도의 운송 수요가 있을지 예측해 운전자나 승객이 기다림 없이 서비스를 제공받을 수 있도록 했기 때문이었다. 이처럼 모바일 중심으로 위치 관제와 간편 결제 그리고 빅데이터 분석과 수요 예측 기술 덕분에 우버나 타다는 기존 택시들은 하지 못했던 고객 가치를 실현할 수 있었다.

우리 주변에는 아직도 디지털 기술을 필요로 하는 산업 분야가 많다. 기존 산업에 속한 사람은 기술이 자신에게 어떤 파급 효과를 가져다줄지 쉽사리 예측하지 못한다(기존 방식으로도 돈을 잘 벌어왔던 관성적 사고 때문이다). 기술은 사용하지 않으면 그림의 떡과 같다. 실생활에, 사업에, 사회에, 실제 문제를 해결하기 위한 수단으로 사용해야만 진가가 발휘된다. 그래서 IT 트렌드를 읽으려 할 때 기술에 대한 정의를 내리고 마치 암기하듯 해석하지 말고, 기술이 사회와 사람의 무슨 문제를 해결해주는지 이해하려고 해야 한다. 그렇게 할 때 IT 트렌드가 어떻게 만들어지는지 눈에 보인다. 트렌드는 결국 사회와의 조화 속에서 만들어진다. 쓰지 않는다면, 아무리 뛰어난 기술이라도 소용없다. 사람이 사용해야 기술에도 의미가 생긴다는 점을 잊어서는 안 된다.

21. 트렌드 전파자가 되어 내부 변화를 이끈다

트렌드 전파자가 되어 내부의 변화를 이끌어야 한다. 나 혼자서 아무리 IT를 떠들고 변화의 필요성을 역설해도 조직이 바뀌지 않는다면 아무 소용이 없다. 트렌드 전파자가 되어야 디지털 전환이 바탕이 되는 비즈니스가 만들어진다.

환경 변화가 생길 때마다 이를 해석하는 관점은 기업마다 제각각일 수밖에 없다. 그래서 언론이나 방송 등에 출연하는 일반화된 트렌드 전문가보다 우리 기업 관점에서 환경 변화를 이해하고 해석하는 능력을 갖춘 특화된 전문가가 필요하다. 대기업이라면 사내 연구소, 중소기업은 신규 사업 부서, 그보다 더 작은 규모의 회사라면 기획자와 마케터가 그러한 역할을 한다. 이들은 평소 고객의 반응이나 SNS로 화제가 되는 여러 이슈 등에 주목하면서 전체적인 트렌드를 주시하고 해석하는 일을 꾸준히 해왔다.

트렌드를 읽는 사람

사내에서 누구보다 트렌드를 빨리 읽는 사람으로 인식되면, 내가 파악하는 정보는 물론이고 내가 모르는 정보도 스스로 알아서 나를 찾아온다. 그리고 새로운 이슈가 등장하면 그것이 무엇인지 해설해 달라는 일이 계속 발생한다. 그러면 해당 상황이 어떤 것인지 조사하게 되고, 이런 식으로 나에게 오는 신호는 점점 많아지게 된다.

일단, 내가 트렌드를 읽는 능력을 갖추는 사람이 되기 위해서는 무엇보다 내 생각을 밝히는 데 주저함이 없어야 한다. 저 친구 뭔가 앞서 나가는데, 최신 경향에 빠삭한데, 하는 인식을 동료들 사이에서 만드는 게 중요하다. 그래서 전사 게시판이나 회사 블로그 등으로 내가 보는 시장의 흐름이나 최신 기술 경향 등을 적극적으로 설파하는 것이 중요하다. 그래야 호응이든 비난이든 아니면 무관심이든 어떤 평가의 중심에 설 수 있다.

2007년경 다음커뮤니케이션에 근무하면서 나는 늘 새로운 기술 트렌드를 쫓기 위해 CES, IFA, MWC와 같은 글로벌 IT 콘퍼런스에 참석했다. 매년 방문하게 되면, 작년과 달라진 올해의 변화상 같은 것이 보인다. 그리고 우리 기업이 갖고 있는 문제에 따라 매번 관심 있게 보는 영역이 다르기 때문에 언론에서 브리핑 하는 것과는 다른 걸 보게 된다. 그래서 콘퍼런스에 다녀와서는 새롭게 알게 된 사실이나 기술 정보들 그리고 이에 대한 내 생각 등을 덧붙여 사내 게시판으로 글을 올리고 많은 동료가 이를 봤으면 했다. 내가 해당 업무를 담당하는 부서원이 아니었음에도 그런 활동하기를 게을리하지 않았다. 그런 이유 때문인지 트렌드 리서처 그리고 전파자라는 이미지가 자연스레 만들어졌고, 최신 기술에 대한 내용이나 우리 업에서 일어나고 있는 여러 가지 혁신 사례들을 분석하고 벤치마킹하는 일을 많이 맡게 되었다.

그러다 2008년에 신규 서비스인 모바일 TF를 새롭게 맡게 되었다. 아마도 평소 PDA와 최신 휴대폰 그리고 미국에서 한동안 인기를 끌었던 블랙베리와 같은 모바일 기기에 대한 트렌드를 사내에 알리고 전파했기 때문이 아닌가 싶었다. 모바일TF 이후에는 다음TV 라는 스마트TV 사업도 맡았다. TV팟 서비스를 보면서 영상 서비스를 PC보다 TV에서 보는 것이 훨씬 더 편리하고

다음TV

유용하겠다는 생각을 했다. 당시 내가 생각했던 스마트TV는 셋톱박스를 TV와 연결해 TV팟을 포함한 여러 영상 콘텐츠를 TV에서도 쉽게 볼 수 있도록 구현한 서비스였다. 실제로 구글에서 크롬캐스트를 2013년에 출시하고, TV의 HDMI 단자에 미니 셋톱박스를 연결해 사용할 수 있는 서비스를 제공하면서 어느 TV나 스마트TV처럼 이용하는 길을 열었다. 나름 트렌드를 잘 쫓아간 셈이었다. 그런데 2017년부터 TV 제조사들이 셋톱박스 없이도 인터넷만 연결하면 넷플릭스, 유튜브, 웨이브, 티빙 등을 볼 수 있는 스마트TV를 출시했다. 그러면서 TV에 셋톱박스를 부착하는 형태의 시장은 축소되고 말았다.

트렌드를 읽긴 했지만, 또 다른 환경 변화에 부딪혀 사업적 결실은 보지 못한 셈이었다. 후일담 같지만 여전히 구글의 크롬캐스트, 애플의 애플TV, 국내의 IPTV 사업자는 고성능 다기능 셋톱박스를 계속 선보이면서 TV 내 앱을 이용하는 것보다 더 편리하고 강력하게 영상 서비스를 볼 수 있는 시도를 계속하고 있다.

비판과 공격 속에서 거듭나기

사실 사내에서는 어떤 주제가 되었든 목소리를 높이게 되면 이런저런 이유로 견제도 받게 되고 득보다 실이 많은 것이 사실이다. 이런저런 최신의 얘기를 쏟아내고, 우리 회사가 이렇게 변해야 한다고 주장하면, 원래 하던 일이나 잘하라는 비아냥을 받을 때도 많다. 하지만 그게 두려워 아무 얘기도 하지 않는다면 변화나 트렌드에 대해 학습하지 않고 그저 남들 의견만 쫓는 꼴이 된다. 트렌드를 받아들이고, 트렌드를 이용해 새로운 사업을 하는 것은 나 혼자 할 수 있는 것도 아니고, 결국은 모두가 함께해야 하는 일이다. 그러니 때로는 비판을 감수하면서도 스스로 더 학습하고 더 실행하는 고민을 하는 게 결과적으로 더 나은 직장생활이라 할 수 있다.

트렌드를 정확하게 전망한다는 것은 있을 수 없는 일이다. 그러니 비판을 두려워할 이유는 없다. 트렌드의 맞고 틀림을 따지기보다 우리 회사가 갖고 있는 문제를 IT 기술이 해결할 수 있느냐 없느냐만 보면 된다. 실패하더라도 실제 해보는 의지와 실행이 중요한 이유도 이 때문이다. 그래서 트렌드 해석은 사업의 끝이 아니라 시작에 가깝다.

트렌드 스피커

트렌드를 전달하는 스피커 역할을 잘하기 위해서는 말로만 하는 것으로는 부족하다. 커뮤니티를 구성하는 노력도 함께 병행하는 것이 좋다. 즉, 혼자서만 트렌드를 전달하고 소개하는 것에 그치지 않고 아군을 만들어야 한다는 것을 말한다.

회사에는 소위 얼리어답터로 불리며, 새로운 기술과 신제품에 관심이 많은 부류들이 있다. 그런 동료들과 함께 동호회를 결성해서 만남을 이어가도 좋고, 일회성으로 함께 할 수 있는 자리를 마련해도 좋다. 복잡하거나 난이도가 있는 최신 기술 트렌드를 학습할 때는 혼자 하기보다 관심있는 동료들과 함께 하는 것도 좋다. 회사 규모가 크지 않은 상황에서 전담팀을 짜서 탐색하기는 어려울 테니, 업무 외적으로 커뮤니티를 만들어 같이 고민해본다면, 회사 생활의 활력소가 되기도 한다.

나는 커뮤니티를 만드는 일은 하지 못했다. 지금 생각하면 좀 아쉽다. 대신 사내 인트라넷이나 슬랙을 통해 내가 알게 된 지식과 정보들을 꾸준히 소개했다. 그러면서 댓글로 소통하는 일을 게을리하지 않았다. 한두 번 이런 일을 한다고 해서 내가 구심점이 되는 역할을 할 수는 없다. 적어도 1년 넘게 계속해서 글을 올리면서 어떤 것에 관심이 있고, 어떤 트렌드를 읽고 시사점을 도출하는지 사람들에게 계속 알리는 것이 중요하다. 그리고 회사에는 죄송한 얘기일 수 있지만 간혹 이런 커뮤니티가 발전해서 창업으로 이어지는 일도 종종 있다. 회사에서 안 받아주면 우리가 나가서 한다는 심정으로 스타트업을 시작하는 경우인데, 사내 벤처 형태일 때도 있다.

트렌드를 읽는다는 것은 시장을 알고 소비자의 생각 변화를 읽는 것도 있지만, 우리 조직을 바꾸는 활동이기도 하다. 트렌드를 읽고 이를 사업적으로 활용하기에는 혼자 힘만으로는 불가능하다. 동조하는 세력이 있어야 하고 이들의 지원이 있어야 한다. 그래야 원활한 런칭과 테스트가 가능하다. 기업의 분위기를 바꾸기 위해서는 내가 앞장서서 스피커 역할을 해야 한다. 이렇게 해서 사업적으로 성공하게 된다면 나는 혁신가가 된다.

22. 사람을 만나며 시장을 만든다

새로운 IT 트렌드로 사업할 준비가 되었다면, 시장을 만들어야 한다. 시장은 나 혼자서 만들 수 없다. 여러 기업이 힘을 합쳐 같이 만들어야 한다. 사람을 만나고 연대하는 일을 게을리하지 말아야 하는 이유다.

기업 내 트렌드 스피커로 자리매김한 이후에는 이제 시선을 외부로 돌려야 한다. 수차례 밝힌 대로 기술 트렌드는 그 자체가 목적이 아니다. 트렌드를 읽은 후 우리 기업의 비즈니스에 어떻게 활용할지 시사점을 얻고, 실제 디지털 기술을 이용해 사업 혁신을 완수하는 것이 목표다. 그러려면 시선을 외부로 돌려 회사 밖의 사람들과 함께 이야기 나누고 학습하는 일을 많이 해야 한다. 그리고 우리의 문제를 해결해줄 수 있는 솔루션 기업들, 상부상조해야 하는 회사 관계자를 찾아 나서야 한다. 가만히 앉아 있어서는 안 된다. 먼저 발품을 팔아야 한다.

트렌드 만들기

앞서도 얘기한 적 있지만, 최고의 비즈니스는 스스로 트렌드를 만들고 리딩하는 것이라고 했다. 여기에 우리 회사가 앞장설 수 있다면 그것만큼 좋은 일도 없다. 그러려면 트렌드를 설파하는 스피커로만 만족할 게 아니라 트렌드 세터가 되어 활동해야 한다. 트렌드 세터가 되기 위해서는 기업 내부에서 스피커로 인정받은 후 외부 전문가들과 소통할 수 있는 기회를 얻어야 한다. 여러 세미나와 콘퍼런스에 참여하면서 사람들과 어울리는 활동이 필요한 이유도 이 때문이다. 사실 트렌드를 만들기 위해서는 나 하나, 우리 기업 하나의 참여만으로는 부족하다. 소비자가 적극적으로 호응하는 거대 흐름이 만들어지지 않는다면 트렌드가 되기 어렵다. 그래서 여러 기업이 함께 발 벗고 나서야 한다. 그리고 변화의 과실을 함께 나눠 가져야 한다.

세상에 아이폰 하나만 존재했다면 스마트폰 시장이 열리지 않았고, 매킨토시만으로는 개인용 컴퓨터 트렌드가 만들어지지 않았을 것이다. 아이폰에 대적하는 갤럭시폰이 출시되고, 매킨토시와 경쟁하는 IBM 호환 PC가 있었기에 거대한 트렌드가 만들어졌다. 아이패드와 싸울 갤럭시 태블릿과 아마존 파이어가 있었기에 새로운 카테고리가 만들어 질수 있었다. 또한 PC와 스마트폰, 태블릿에서 사용 가능한 서비스와 앱들이 동반해서 나와주었기 때문에 모바일 트렌드도 만들어졌다.

트렌드는 많은 기업과 참여자가 함께할 때 더욱 힘을 발휘한다. 시장의 니즈와 새로운 기술의 출현, 이를 추종하는 다른 기업의 참여 등으로 서서히 만들어지는 것이 트렌드다. 처음에는 가랑비에 옷 젖듯 하다 어느 임계점에 다다르면 폭우가 되어 사람들을 흠뻑 적신다. 가랑비를 내리게 하려면 기업 외부로 시선을 돌려 함께할 참여자부터 찾아야 한다. 가장 잘 활용할 수 있는 공간이 콘퍼런스와 세미나다. 귀찮더라도 혹은 회사에서 참여 허락을 받기가 쉽지 않더라도 어떻게든 그곳에 가서 트렌드를 말하고 트렌드를 해석하는 사람들의 이야기를 들어야 한다. 그리고 때로는 내가 트렌드를 발표하는 스피커가 되어 연단에 서야 한다.

2010년 다음커뮤니케이션에서 다음지도와 마이피플 같은 모바일 앱을 출시한 이후 수많은 국내외 콘퍼런스와 세미나, 기업 강의에서 모바일 혁신을 주제로 강연했다. 당시만 해도 모바일은 대세가 아니었다. 아이폰 3GS가 국내에 막 출시되었고, 삼성전자의 옴니아폰이 소개되면서 모바일 시장이 막 열리기 시작하던 때였다. 그때까지만 해도 가랑비 수준이었다. 그러다 소낙비가 되기 시작은 것은 2012년 갤럭시가 본격적으로 보급되고서부터였다. 그래서 2년이나 앞서 2010년 당시 모바일 앱을 만들고 이를 대외적으로 발표하는 것을 두고 많은 사람들이 의구심을 표했다. 그때 우리는 여러 콘퍼런스 등을 다니면서 다음이 왜 모바일 앱을 만들게 되었는지, 왜 이것이 새로운 트렌드가 될 수밖에 없는지 설파하는 일을 열심히 했다. 당연히 콘퍼런스가 끝난 뒤에는 모바일 혁신을 믿는 여러 기업과 사람을 만날 수 있었다. 이들이 초창기 다음의 모바일 서비스를 함께 하는 조력자 역할을 했다. 이후 자리를 옮겨 SK플래닛에서 핀테크 사업, 11번가에서 리테일 사업 등을 맡으면서는 미래 금융과 커머스 혁신을 눈앞에서 목격하며 함께 할 사람을 만나고 연대하는 일을 했다. 트렌드는 혼자서 만들 수 없기 때문이었다.

카테고리 킹

기업은 트렌드를 해석하는 것을 넘어 트렌드를 만들어야 한다. 그래야 카테고리 킹이 될 수 있다. 검색의 구글, 쇼핑의 아마존, 스마트폰 시장의 아이폰, 교통의 우버, 숙박의 에어비앤비, 전기차의 테슬라가 우리가 잘 알고 있는 카테고리 킹이다. 이처럼 새로운 카테고리를 만들어야 기업은 대박을 칠 수 있다.

2010년 1월 27일 애플의 스티브 잡스는 아이패드라는 신제품을 들고 발표회장에 나타났다. 그리고 아이폰과 맥북 사진을 차례로 보여주고 그 가운데 물음표를 띄웠다. 그리고 제3의 카테고리가 나올 수 있을까요? 라고 질문을 던졌다. 바로 태블릿이라는 새로운 카테고리를 언급한 것이었다. 사실 태블릿은 이미 2002

년에 MS가 발표해서 판매했지만 시장 성적은 초라했다. 그런데 애플이 태블릿 시장에 새롭게 도전장을 내밀고 아이패드를 내놓은 것이었다. 스티브 잡스는 아이패드를 친화적이고 직관적이며 재미있는 방식으로 앱과 콘텐츠를 사용자에게 연결하는 완전히 새로운 카테고리라고 말했다. 이후 아이패드는 첫 해에 1천5백만 대라는 판매량을 기록하며 100억 달러의 매출을 거뒀다. 이에 질세라 삼성과 LG도 태블릿PC를 개발하고 제품을 출시했지만 이미 해당 카테고리를 만든 아이패드의 점유율을 건드릴 수는 없었다. 이렇게 아이패드는 카테고리 킹으로 우뚝 섰다.

스티브 잡스가 새로운 트렌드를 만들 수 있었던 것에는 어떤 이유가 있었을까? 스티브 잡스의 말을 빌자면, 스마트폰과 노트북 사이 사용자들이 불편하게 느끼는 것을 찾고 이를 해결하는 데 집중했다고 한다. 그 전에 출시된 MS의 태블릿은 태블릿PC라고 이름 붙인 것처럼 노트북의 연장선에 있었다. 그래서 운영체제도 기존의 컴퓨터와 같았다. 그런데 애플은 아이패드를 새로운 카테고리로 정의하고 운영체제도 아이폰의 iOS나 맥OS와는 다른 아이패드OS를 채택했다. 그리고 들고 다니기 어렵고 무거우며 배터리 사용도 두 시간이 안 되던 기존 노트북과 달리, 가볍고 무려 10시간이나 사용 가능한 배터리를 장착한 제품을 내놓았다. 게다가 노트북과 달리 오직 외부 커넥터는 하나에 불과하고 키보드 없이 전면 멀티 터치로 작동되며 3G가 내장되어 일반 휴대폰처럼 WiFi가 되지 않는 곳에서도 인터넷 이용이 가능하도록 했다. 그리고 버튼 하나만 누르면 즉시 화면이 켜져 PC처럼 부팅 시간이 길지도 않았다. 이처럼 스마트폰에서의 휴대성과 즉시성, 노트북의 큰 화면과 입력의 편리함, 이런 장점을 합쳐 만든 것이 아이패드였다. 한마디로 혁신 그 자체였다.

현재 이커머스의 강자로 떠오른 쿠팡도 시장의 선두로 있던 지마켓, 옥션, 11번가를 제치고 후발주자임에도 불구하고 빠르게 시장 지배에 성공할 수 있었던 데에는 사용자에게 완전 새로운 경험을 제공했기 때문이었다. 많은 제품들 사이에서 가장 싼 것을 찾아주는 수준에서 벗어나 주문 즉시 다음날 받을 수 있는 배송 서비스를 소비자에게 어필했기 때문에 카테고리 킹으로 등극할 수 있었다. 배달의민족 역시 상가 수첩을 뒤적이며 음식 배달을 시키고, 오토바이 배달 기사가 어디쯤 왔는지 궁금해 출발했냐 안했냐 전화해서 물어보는 불편함을 없애는 트렌드를 만들었다. 심지어 스마트폰에서 결제도 할 수 있어 편리함은 배가되었다. 이런 새로운 사용자 경험은 새롭게 등장한 신기술이 있었기 때문에 가능했다. 한마디로 기술 혁신이 트렌드를 세팅하는 역량과 만날 때 새로운 역사가 만들어진다.

트렌드 세터

끊임없이 시장과 사용자를 분석하며 기존 제품이 갖고 있는 문제점이 무엇인지 파악하고, 이를 커버하는 과정에서 새로운 기회가 만들어진다. 기회는 트렌드의 씨앗 역할을 한다.

코로나19로 비대면 서비스가 활성화되면서 인터넷 서비스가 어느 때보다도 호황을 누렸다. 이때 위기를 기회로 바꾼 기업이 실시간 라이브 방송 플랫폼 업체들이다. 가수들과 팬들이 콘서트 장에서 만날 수 없다 보니 온라인으로 가수와 팬을 만나게 해주는 서비스인 유튜브나 위버스 같은 곳이 주목을 받았다. 그런데 이들 플랫폼은 영상 송출만 가능했지, 서로 사진을 공유하고, 팬과 아티스트가 소통하고, 나아가 굿즈를 판매하고 구매하는 등의 기능을 제공하지는 못했다. 하지만 아티스트를 관리하는 기획사는 우리 스타가 팬들과 다양한 방식으로 소통하기를 바랐다. 한마디로 페이스북, 인스타그램, 틱톡, 유튜브, 쇼핑몰 등의 기능이 한데 통합되어 제공되기를 원했다. 이는 팬 입장에서도 마찬가지였다. 내가 좋아하는 아티스트와 영상과 글로 자유롭게 소통하고 선물도 주고받았으면 했나. 한마디로 온라인이지만 내가 좋아하는 스타와 함께 있는 느낌을 얻었으면 했다. 바로 이 지점에서 팬덤 커뮤니티의 기초 모양새가 만들어졌다. 그리고 하이브의 위버스, 엔씨소프트의 유니버스, SM엔터테인먼트의 버블 등이 탄생했다.

위버스는 네이버와 방탄소년단의 하이브가 합작해서 서비스하고 있으며, 버블은 JYP엔터테인먼트가 함께 참여하고 있다. 이들 모두 대형 기획사나 대형 인터넷 서비스 회사들이 만들고 참여하는 플랫폼이다. 그런데 여기에 비마이프렌즈라는 작은 스타트업이 비스테이지라는 팬 플랫폼을 만들었다. 전세계의 엔터테인먼트 회사들이 쉽게 아이돌 팬클럽을 만들 수 있고, 창작자가 직접 나만의 팬클럽을 만들 수 있도록 도와주는 팬 커뮤니티 플랫폼이었다. 위버스나 버블은 걸출한 아이돌을 배출한 엔터테인먼트 회사에서 만든 팬 커뮤니티이지만 비스테이지는 엔터테인먼트 회사가 아니었다. 비스테이지는 철저하게 아티스트와 크리에이터의 브랜드를 존중했고, 화이트 라벨로 서비스를 제공함으로써 아티스트가 독자적으로 홈페이지나 앱을 구축해 팬들에게 서비스를 제공할 수 있도록 했다. 위버스나 유니버스, 버블 등은 하나의 앱을 통해서만 서비스가 제공되는 반면 비스테이지는 클라우드 기반의 SaaS(인터넷 브라우저로 사용자에게 프로그램 등을 제공하는 방식)형태로 제공되어, 아티스트가 독자적으로 자신만의 앱을 만들어 개별 서비스를 팬들에게 제공할 수 있도록 했다. 비스테이지는 고객(아티스트, 크리에이터)이 진정 바라는 것이 무엇인지 고려하고 이를 구현하기 위한 최적의 기술을 제공함으로써 새로운 트렌드를 주도했다.

이처럼 트렌드가 되기 위해서는 시장과 사용자 분석은 물론이고, 그 사이에 있는 서비스 제공사들의 경쟁 상황도 분석해 최대한 많은 사람이 혜택을 얻는 설계가 필요하다. 그리고 여기에 여러 사람을 설득하는 커뮤니케이션 스킬 나아가 프레젠테이션 기술도 필수다. 애플의 스티브 잡스와 테슬라의 일론 머스크가 트렌드를 주도할 수 있었던 이유도 이들이 타의 추종을 불허하는 스피치 실력을 갖고 있었다는 것과 기인과 같은 캐릭터를 갖고 계속해서 이슈를 만들었기 때문이다. 트렌드 세터라면 그런 스킬로 여러 이해 관계자와 소비자(대중)을 설득할 수 있어야 제품의 매력을 두 배로 키울 수 있다.

정리해보자. 좋은 기술을 가지고서 좋은 상품을 내놓았지만 이를 더 많은 사람이 쓰도록 하기 위해서는 거대한 시장이 만들어져야 한다. 그리고 이왕이면 내가 새로운 카테고리를 정의하고 제일 먼저 깃발을 꽂는 카테고리 킹이 되어야 한다. 이를 위해서는 나와 같이 시장을 키워갈 수 있는 협력사들을 두루 만나고 이들과 연대하며 새로운 상품의 기대감을 함께 키워가는 것이 중요하다. 그리고 스타트업이라면 큰 기업이 움직이기 전에 사용자의 아쉬움과 문제를 해결하는 상품이나 서비스를 재빨리 시장에 내놓는 것이 중요하다. 스타트업에서 시작해서 대기업까지 뛰어들 때 거대한 시장은 만들어진다. 그리고 진짜 트렌드라 불리는 변화가 시작된다.

23. 최신 기술이 아니라 적정 기술을 활용한다

뜨는 기술에 대한 실험을 멈추지 말고, 지는 기술의 활용도 잊지 말자. 우리 기업의 사정에 맞는 적정 기술 활용에 첨단과 과거의 구분은 무의미하다.

적정 기술을 필요한 곳에 사용하면 비즈니스 문제를 쉽고 빠르게 해결할 수 있다. 특히 기술은 분초를 다툴 정도로 변화 속도가 상상 이상이다. 새로운 기술이 시장에 소개되는 순간 각 회사는 자신들의 비즈니스 모델을 점검하고 이를 활용해 자신의 경쟁력을 키울 수 있는지 없는지 고민한다. 사업 혁신이 일어나는 순간이다.

빨리 실험하기

2006년에 공식 서비스를 시작한 아마존 웹 서비스(AWS)는 인터넷 서비스, 모바일 앱 등을 운영하는 인터넷 기업들이 필요로 하는 인프라나 보안, 시스템 등의 다양한 컴퓨팅 자원을 제공한다. 이런 기술을 클라우드라고 한다. 2010년 즈음, 클라우드는 웬만한 인터넷 서비스사들은 모두 이용할 만큼 보편적인 인터넷 기술이 되었다. 지금은 넷플릭스, 틱톡, 우버, 에어비앤비, 쿠팡, 마켓컬리 등 대부분의 인터넷 서비스와 모바일 앱들이 기본적으로 클라우드를 이용해 서버를 운영한다. 이는 큰 기업뿐만 아니라 작은 스타트업들도 마찬가지다. 그러다 보니 아마존뿐만 아니라 MS, 구글 등의 다른 빅테크 기업들도 모두 뛰어들어 클라우드 사업을 펼치고 있다.

클라우드 서비스 시장은 매년 큰 폭으로 성장하며 기술 또한 더욱 고도화, 다양화되고 있으며 멀티 클라우드, 하이브리드 클라우드 등으로 불리며 해마다 기업의 요구에 발맞춰 진화하고 있다. 멀티 클라우드란 AWS(아마존), 애저(MS), GCP(구글) 등 어느 하나의 클라우드에만 올인하는 것이 아니라 여러 종류의 클라우드를 복합적으로 혼용해 사용하는 것을 말한다. 클라우드 별로 특징과 성능이 다르다 보니 기업은 하나 이상의 클라우드를 필요로 한다. 이럴 때 두 개 이상의 클라우드를 혼용해서 사용함으로써 기업의 요구에 맞춰 최적으로 시스템을 운용할 수 있다. 하이브리드 클라우드는 기업 내부의 보안과 개인정보의 문제로 프라이빗 클라우드를 별도로 구축한 것과 범용적으로 사용되는 퍼블릭 클라우드를 함께 연동해서 사용하는 것을 말한다.

잠깐이지만 클라우드 기술을 살펴보았는데 이처럼 새로운 기술이 나오면, 빨리 캐치해서 우리 기업의 특정 영역에 가볍고 빠르게 실험해보는 것이 가장 좋다. 해당 기술을 채택하지 않더라도 여러 배움의 기회를 얻을 수 있고, 더 나은 기술을 찾아 혁신하거나, 효과가 검증된 기술을 전사적으로 도입함으로써 효율성을 얻을 수도 있다.

개인적으로는 집에 스마트홈 플랫폼을 5년 전부터 구축해서 쓰고 있다. 인터넷에 연결된 사물 인터넷 기기만 약 100여 대 정도가 된다. 이렇게 많은 기기가 인터넷에 연결되면 웬만한 공유기로는 인터넷 트래픽을 감당하기가 어렵다. 이때 집이 크거나 벽이 많다면 공유기의 무선 네트워크 사용 범위를 늘리고자 WiFi 메시를 이용하는데, 사물 인터넷 기기가 30여 대가량 늘어나면 메시로도 해결이 안 된다. 그래서 최근에는 WiFi6 공유기를 도입해서 써보고 있다. WiFi6는 WiFi5보다 약 40% 빠른 9.6Gb이며 무엇보다 혼잡한 네트워크에서의 성능이 뛰어나다. 주변에 무선 공유기가 많고, 여러 대의 사물 인터넷 기기가 있더라도 기존 WiFi5 대비 300%의 고효율로 지연 시간도 75%나 줄일 수 있다. 그렇다 보니 많은 장치가 동시에 연결되어도 최상의 속도를 안정적으로 유지하도록 도와준다. 이처럼 최신 기술을 사용하면서 앞으로의 트렌드가 어떻게 흘러갈지, 앞으로 사물 인터넷과 스마트 홈 플랫폼이 보편화할 때 어떤 기술 수요가 커질지 테스

사물 인터넷이 적용된 집과 사무실

트해보는 것은 집에서도 멈출 수 없는 일이다.

기술 덜어내기

1995년 즈음, 그때는 컴퓨터를 사용할 때 컴퓨터와 외부의 주변기기를 연결하기 위해 다양한 포트를 이용했다. 프린터, 마우스, 키보드 그리고 외장형 모뎀 등 패러랠 포트, 시리얼 포트,

PS/2 포트 등 다양한 규약을 이용했다. 그런데 USB가 등장하기 시작하면서부터는 이런 포트들이 하나씩 사라지기 시작했다. 어느 한순간 없어진 것이 아니라 약 10여 년간 하나씩 천천히 사라져 갔다. 이후 USB 포트와 IEEE1394 포트 등이 그 뒤를 이었는데, 이제는 USB Type-A와 USB-C만 남고 다 사라졌다. 앞으로는 USB Type-A도 패러랠 포트처럼 사라질 것이다. 이처럼 기술은 어쩔 수 없이 흥망성쇠를 겪는다.

2000년대 중반, 이벤트 경품으로 인기 있었던 물건이 USB 메모리였다. 2000년대부터 8MB, 16MB, 32MB 용량으로 보급된 USB 메모리는 들고 다니기 쉽고 디스켓보다 저장 용량이 크고 데이터 읽기와 쓰기 속도가 빨라 급속도로 확산됐다. 초기만 해도 1GB 메모리는 20여만 원이 훌쩍 넘었지만 지금은 1만 원이면 50GB에 육박하는 USB 메모리를 구입할 수 있다. 1TB도 10여만 원이면 살 수 있다. 가격이 많이 낮아졌음에도 USB 메모리의 인기는 예전만 못하다. 사무실 책상 서랍이나 집 안 책상 서랍 등을 열면 쓰지 않는 USB 메모리가 여러 개가 나올 정도다.

USB가 이렇게 갑자기 사라진 이유는 무엇일까? 짐작했겠지만 바로 드롭박스, N드라이브, 아이클라우드 등과 같은 클라우드 스토리지 서비스 때문이다. 인터넷이 되는 모든 컴퓨터, 스마트폰, 태블릿에서 언제든 파일 다운을 받을 수 있으니 굳이 USB

메모리가 필요 없게 된 것이다. 그런데 이렇게 사양길에 접어든 USB 메모리가 유용하게 사용되는 곳이 있는데, 바로 고속도로 휴게소다. 이곳에서는 흘러간 가요와 트로트 메들리를 USB에 담아서 팔고 있다. 저작권이 소멸했거나 저작료가 싼 음악을 모아 만 원도 안 되는 가격에 팔고 있으니, 중장년층 장거리 운전기사들에게 인기가 높다. 이처럼 흘러간 기술도 요긴하게 쓰일 때가 있다.

2010년대의 디지털 액자는 탁자나 벽면에 두고 USB 메모리에 이미지 파일을 저장한 다음 이를 액자에 꽂아 사용하는 형태였다. 그러다 보니 매번 전시할 사진, 이미지 파일을 USB에 업로드하고 관리하는 것이 여간 번거롭고 귀찮은 일이 아니었다. 이

뮤럴 액자

런 변화를 눈치챈 디지털 액자 제조 회사는 아예 디지털 액자를 클라우드와 연결해 보다 쉽게 파일을 관리할 수 있도록 했다. 일종의 스트리밍 사진 서비스이다. 스마트폰으로 촬영한 사진을 자동으로 클라우드에 동기화하고 이 사진들을 디지털 액자에서 바로 전시할 수 있도록 했다. 더 나아가 세계적인 명화와 최신 작품들 또는 NFT로 구매한 디지털 자산들도 디지털 액자로 스트리밍해서 그때그때 볼 수 있도록 했다. 여기에 한 발 더 나가 매달 콘텐츠를 제공하는 구독 서비스까지 내놨다. 넷기어라는 회사는 뮤럴이라는 디지털 액자를 제공하고 여기에 멤버십을 제공하는 사업을 하고 있다. 1년에 9만 원의 구독료를 내면 내 집 거실에 유명 명화를 걸 수 있다. 이처럼 지는 기술과 뜨는 기술 사이에서 새로운 비즈니스 아이디어를 얻을 수 있다. 이 또한 트렌드 씨앗이라 할 수 있다.

정리해보자. 트렌드를 만드는 기술이라고 해서 꼭 새로운 기술, 최신의 고급 기술일 필요는 없다. 이미 한물간 기술이라 하더라도 사람들의 니즈를 해결해준다면 언제든 다시 트렌드가 될 수 있다. 그래서 적정 기술이라는 관점에서 IT 트렌드를 읽는 것이 중요하다.

4부에서는 트렌드를 읽고 이를 비즈니스로 연결하는 데 있어 특별한 공식은 없다는 것을 배웠다. 과거의 IT 트렌드 변화를 살펴봤을 때 패러다임 전환은 '하드웨어-네트워크-소프트웨어' 라는 세 가지 요소들이 서로 유기적으로 결합할 때 일어난다는 것을 알았다(물론 이 관점은 불변하는 공식이 아니라 앞으로 또 바뀌고 재정의 될 것이다). 그래서 새로운 기술(키워드) 등이 등장하게 되면 하드웨어에 속하는지 네트워크에 속하는지 소프트웨어에 속하지는 구분해서 보아야 한다. 다만, 하드웨어-네트워크-소프트웨어의 프레임으로 트렌드를 읽는 관점 역시도 진화의 과정을 겪는 만큼 공식도 변할 수 있다는 전제를 갖고서 분석하는 것이 필요하다.

이 책을 마무리하며, 이 말을 꼭 남기고 싶다. IT 기술은 모든 산업에 스며들어 변화와 혁신의 마중물이 되고 있다. 산업마다 이를 받아들이고 적용하는 속도의 차이만 있을 뿐 모든 분야, 어떤 영역에도 다 적용되고 있다. 그렇기에 어떤 분야에 있든 무슨 일을 하든 누구나 IT 트렌드 읽기에 주저함이 없어야 하고 게을리하지도 말아야 한다. 아무쪼록 이 책이 작은 씨앗이 되어 여러분 일과 사업에 큰 보탬이 되었으면 좋겠다.

IT 트렌드 읽는 습관
기술의 흐름을 읽고 이용하는 법

초판 1쇄 발행 2023년 5월 15일
초판 2쇄 발행 2023년 11월 27일

지은이 김지현

발행인 김옥정
편집인 이승현
디자인 유어텍스트

펴낸곳 좋은습관연구소
주소 경기도 고양시 후곡로 60, 303-1005
출판신고 2019년 8월 21일 제 2019-000141

이메일 buildhabits@naver.com
홈페이지 buildhabits.kr

ISBN 979-11-91636-54-3(13320)

좋은습관연구소에서는 누구의 글이든 한 권의 책으로 정리할 수 있게
도움을 드리고 있습니다. 메일로 문의주세요.